U0701640

中国城市更新
理论与实践

陈 晟 著

中国建筑工业出版社

图书在版编目（CIP）数据

中国城市更新理论与实践 / 陈晟著 . —北京：中
国建筑工业出版社，2020.12（2022.6 重印）
ISBN 978-7-112-25546-7

Ⅰ. ①中…　Ⅱ. ①陈…　Ⅲ. ①城市建设—研究—中国
Ⅳ. ①F299.21

中国版本图书馆 CIP 数据核字（2020）第 185889 号

责任编辑：周方圆　封　毅
责任校对：赵　菲

中国城市更新理论与实践

陈　晟　著

*

中国建筑工业出版社出版、发行（北京海淀三里河路 9 号）

各地新华书店、建筑书店经销

逸品书装设计制版

北京中科印刷有限公司印刷

*

开本：787 毫米 ×1092 毫米　1/16　印张：14　字数：240 千字
2020 年 12 月第一版　　2022 年 6 月第二次印刷

定价：**42.00** 元

ISBN 978-7-112-25546-7

（36568）

前言 | PREFACE |

　　通过更新或改变现有物业的功能及用途以适应当前及未来城市经济发展的需要，是推动中国城市发展的重要方式。事实上，城市更新已经成为中国的热门话题，引起了人们的高度重视，进而引发了大量讨论。中国各城市与政府正在积极寻求机会，希望通过城市更新项目来增强城市的吸引力和凝聚力。作为城市更新的核心部分，物业改造的目的是最大限度地利用现有资产。由于涉及政府、开发商、投资者和使用者等诸多方面，中国的城市更新项目种类多样，例如将小规模的零售项目改造成办公空间，将老旧住宅区改造成旅游景点，或利用城市规划将整个地区转变成新的城市中心等。在中国，物业改造和功能置换的速度之快前所未有；事实上，中国物业改造项目的速度也远远超过了世界其他发达经济体。同时国家正通过内循环和老旧小区改造，在推动存量市场的更新和新基建的赋能，拉动经济的继续持续发展。

　　值得注意的是，更新或改造项目通常不仅涉及对现有场址和物业结构的适应性再开发或再定位，还会对未使用或未被充分利用的物业进行完全的更新与改造。在更新改造完成后，诸如废弃的房屋、空置的商店、弃置的基础设施、破败的商业建筑或停车场、垃圾场和闲置的国有工业厂房等陈旧的、被认为失去价值的或不值得投资的项目重新焕发了新的生命力。更新改造的成功将对城市发展产生重要的影响，这些影响包括大幅提高生产力及生产效率、吸引商业投资、促进旅游业发展以及创造富有活力的新社区等。

　　通过城市更新、物业改造进行的大规模城市中心建设及新城建设，是中国现代城市经济增长的主要驱动力之一。毫无疑问，中国城市的发展之快极为罕见。谁能想到几十年前仍是农田或者荒地的地方，会在如今迅速地成为中国现代都市或新兴的中心城区呢？同样，由于大量人口从农村向城市迁移，城市中心区也在以前所未有的速度向外扩张。人口的快速涌入使得现有的城镇及城市中心区快速扩张，外来人口成了新兴城市崛起的关键。现阶段，中国正向城市化目标持续努力，并将建设数以万计的新住宅以容纳不断增长的城市人口。

但随着新城开发速度放缓以及城市建设用地不足，中国一线热点城市政府开始寻找新的方法以维持经济的高速发展。各地政府希望最大限度地利用现有的城市资源，促进现有土地和物业的高效利用。因此，地方政府和开发商开始越来越多地进行城市更新、物业改造，以建立更活跃和更具吸引力的未来城市中心和副中心。

鉴于城市更新日益突出的重要性，本书主要从几大方面对城市更新进行深入研究分析：首先是我国城市更新的发展特征和运作现状及评价，其次是城市更新政策解读与大事件，再次是城市更新发展能力研究和更新路径，接着是北上粤主要城市更新特点以及国内外城市更新案例，最后从五大思考和六大趋势对城市更新进行总结与展望。

本书由中国房地产数据研究院城市更新课题组集合各方研究资讯智慧写成，一些合作内容研究提供方包括中国房地产数据研究院、上海交通大学规划设计院、中国城市规划设计研究院、深圳市城市规划设计研究院、深圳城市更新研究网、中建研究院等，资料来源包括住房和城乡建设部政策研究中心、戴德梁行等，同时感谢全联房地产商会城市更新分会、长三角城市更新联盟、中国产融城联盟以及大量提供城市更新实践的企业家的支持，对《中国城市更新理论与实践》研究参与的首创、华润、保集、金茂、远洋、华谊、国盛、光明、华鑫、锦和、德必、新荣阳、复星、海尔产城创、张江、临港、外滩投资、张园、纺控、宝武、卓越、万科、绿地等各企业集团、国企产业八大家（东方国际、宝武、仪电、华谊、国盛建材、光明、申能、电气集团）以及同济、复旦、浙大、中科院104所、钱学森实验室、中核、中电、中建、星空等产业赋能机构的专家及以优势资本、东海、华融、国开、国新为代表的资本方领导一并表示感谢！

中国城市更新理论与实践

目 录
CONTENTS

1

城市更新当前发展特征

1.1 城市更新新要求

中国城市更新随着时代发展主要经历了以下几个阶段：20世纪50年代的"城市重建"、60年代的"城市复兴"、70年代的"城市改造"、80年代的"城市再开发"、90年代的"城市再生"和2000年以来的"衰退下的再生"。

十九大后，国家对城市更新提出新要求：

其一，新经济存量时代新形势下，需要完善城市更新体系。习近平总书记在党的第十九次全国代表大会报告中的指出：中国特色社会主义进入新时代，我国社会主要矛盾已经转化为人民日益增长的美好生活需要和不平衡不充分的发展之间的矛盾。只有坚持以经济建设为中心，加快建设城市与产业协同发展的体系，才能为满足人民日益增长的美好生活需要提供牢靠的物质保障。

其二，建设创新型国家，实现赶超战略，需要城市更新创新性发展。党的十九大报告强调，创新是引领发展的第一动力，是建设现代化经济体系的战略支撑。实施创新驱动发展战略，就需要不断丰富城市更新的内涵，为中国城市和产业持续发展注入新动力，为实现建设现代化经济体系的战略目标提供战略支撑。

其三，全面实现现代化，需要城市与产业协调快速发展。在推进城市治理过程中，要深刻领会十九大报告对于不同区域的定位，精准落实区域协调发展战略，优化发展格局，推进区域合作共赢，努力实现更高质量、更有效率、更加公平、更可持续的发展。

其四，深化推进供给侧改革，需要加快产业升级步伐。党的十九大报告指出，必须坚持质量第一、效率优先，以供给侧结构性改革为主线，推动经济发展质量变革、效率变革、动力变革，提高全要素生产率，推动产业结构、产品结构转型升级。

1.2 城市更新新背景

2019年上半年，国内生产总值450933亿元，按可比价格计算，同比增长6.3%，分季度看，第二季度GDP同比增长6.2%，比第一季度放缓0.2个百分点；近4个季度GDP累计值同比增长分别为6.7%、6.6%、6.4%和6.3%，面对错综复杂的国际国内形势，经济运行总体保持平稳。

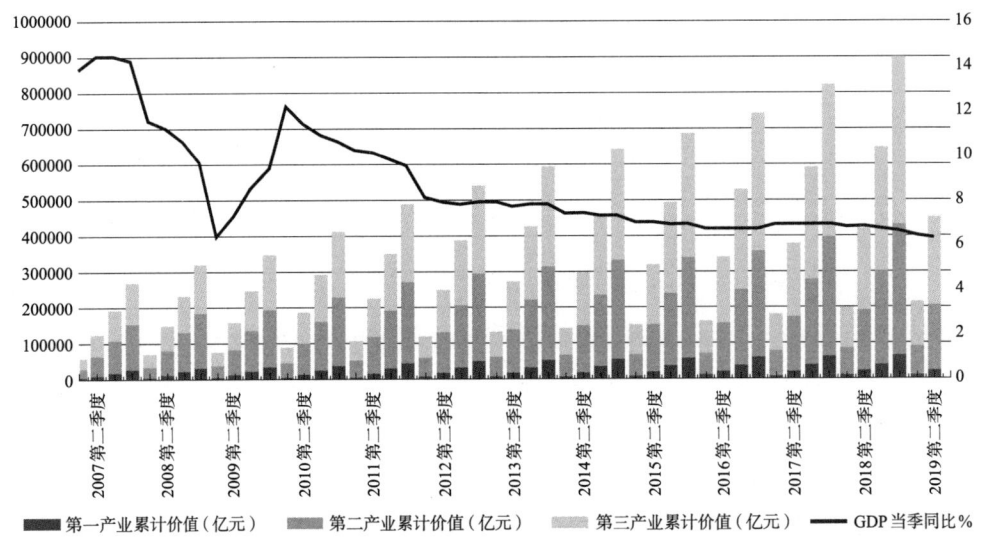

图1-1 2007—2019上半年国内生产总值及增速季度走势

城市的发展伴随着新区扩张和旧区更新，以及不同时期从结构到内容、内涵的不断深化。随着中国经济发展由"高速度"逐渐向"高质量"转化，城市经济的发展与空间利用对城市功能提出新的更高的要求，城市更新为满足城市功能升级需求以及房企转型升级、业态优化提供了重要途径。在"减量建设"与"产业升级"并存时代，城市更新对现有建筑的升级改造与创新利用，成为下一轮城市发展的新增长点，成为企业转型升级持续性发展的主要动因。

1.3 城市更新新阶段

城市更新的发展总体经历了六个阶段，从初创期消费型城市，到赋予生产、生活、生态三生及美好生活内涵的可持续高质量发展城市（图1-2）。

第一阶段（初建期—1977年）：城市向满足自己大部分需求的生产型城市转变，城市资金用于发展生产和挖掘改造。

第二阶段（1978—2000年）：城市进入改革开放期，城市扩张成为城市建设的主流，新的政策导向、更新类型和更新模式开始涌现。

第三阶段（2001—2008年）：城市的发展战略和格局发生重大变化，如《上海市城市总体规划（1999—2020）》2001年被批复，深圳2004年颁布《深圳城中村（旧村）改造暂行规定》（深府〔2004〕177号），城市序幕拉开；2008年发布《关于推进深圳市工业区升级改造试点项目的意见》（深府办〔2008〕35号），探索旧工业区改造路径，现代城市更新渐现雏形。

第四阶段（2009—2014年）：城市更新规模和方式发生转变，由大规模改造向注重细节的微改造转变。如深圳2009年出台《深圳市城市更新办法》（深圳市人民政府令第211号）、上海2013年出台《关于增设研发总部类用地相关工作的试点意见》（沪规土资地〔2013〕153号）来规范工业用地改造为商务办公或商业服务用途的"非正式更新"。

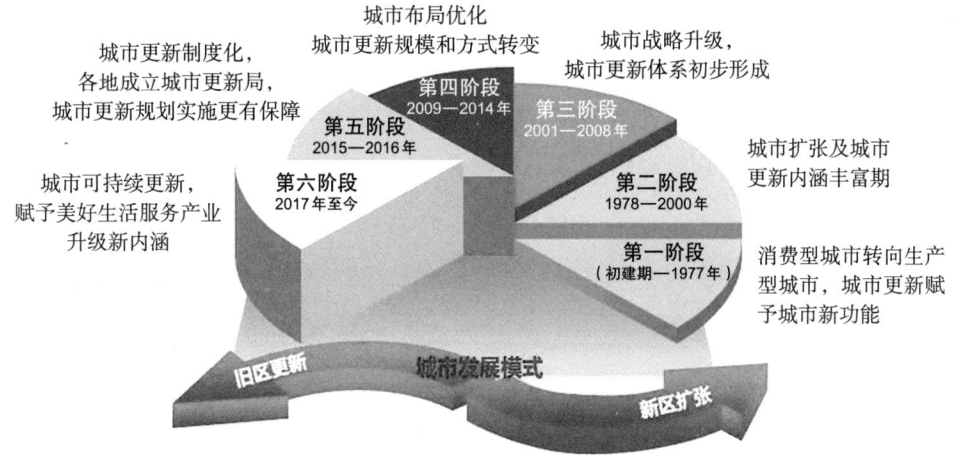

图1-2　城市发展模式六个阶段

第五阶段（2015—2016年）：城市更新制度化，各地纷纷成立城市更新局等专门机构，城市更新规划实施更有保障。如深圳城市更新局2015年9月挂牌成立，广州城市更新局2016年2月挂牌成立，济南城市更新局2016年6月挂牌成立。

第六阶段（2017年至今）：城市可持续高质量更新，赋予美好生活服务产业升级新内涵。城市群和城市圈层的发展，对城市提出更高的要求，城镇化要求城市地位向更高的品质升级，如上海定位建设卓越的全球城市，深圳定位现代化国际化创新型城市和现代化强国的城市范例。

1.4 长效机制新进展

房地产要加快建立新的住房制度和市场化调控机制。前期房地产市场已经积累了一些风险，近期又有新问题，目前在行政性措施效果有限。这些问题需在六个方面同步加快改革：

第一改革：政府垄断住宅用地体制。房价过高的城市既要增加住宅用地，也要扩大住宅用地供应主体，我国工业用地和开发区用地总量已经偏大，但城市居住用地总量偏小，比例偏低，难以满足城市化需要和人民对美好生活的需要。我们经常说调结构，但是不仅要调整产业结构，更要调整空间结构，减少工业用地、增加城市用地这是方向之一，这是解决高地价的根本。

第二改革：房地产商垄断住宅供应的体制，应增加商品住宅市场供应主体。在符合规划前提下允许小城市和小城镇的自然人合作建房，允许非房地产企业在取得土地使用权土地上建设商品房和租赁房。现在只是允许建租赁房，要允许农村集体经济组织在自有建设用地和闲置宅基地上建设商品房和租赁房，允许大城市周边生态修复企业在修复的生态用地上开发一定比例低密度住宅等。

第三改革：售多租少市场结构，加快住宅租赁市场立法，实行租购同权制度，实行鼓励租赁市场财税金融政策，比如降低租金收入的税费。租赁市场发展的重点是在房价较高的特大城市，重点也不应该放在新建多少租赁住房上，而是通过税收等经济办法使空置存量住宅进入租赁市场。中央财办曾经请有关单位通过用电量对全国住宅的空置情况摸底调查，结果显示我国无论是城镇还是乡村住宅的空置率都比较高。比日本这种高度老龄化、少子化、城市化的国家还要高，日本是13%。这很不正常，说明用来炒的房子存量较大，有关部门应该尽快制定空置标准。

第四改革：房地产税，总体思路就是立法先行、充分授权、分步推进。房地产税主要作用就是调节收入分配、筹集财政收入。一是所有的工商业住房和个人住房，都会按照它的评估值来征税，也就是按照评估值来征税。二是在所有国家的房地产税制度安排里面，都有一些税收优惠。比如可以作出一定的扣除标准，或者是对一些困难的家庭、低收入家庭、特殊困难群体给予一定的税收减免等。当然具体的方式不一样，水平不一样，但是都有一些税收优惠。三是这个税属于地方税，它的收入归属于地方政府。地方政府用这些收入来满足比如说教育、治安和其他一些公共基础设施提供等支出。四是因为房地产税的税基确定比较复杂，所以需要建立完备的税收征管模式，这样才能够使房地产税征得到、征得公平。

第五改革：住房公积金制度，逐步将强制性住房公积金改为自愿缴存，设立政策性住宅金融机构改革，很多年一直没有推动下来。对自愿缴存的给予低息贷款支持，有利于减轻企业负担。

第六改革：农村土地制度，改革农村集体建设用地产权制度，赋予农村集体经济组织对集体土地完全所有权，政府不再征收农村集体建设用地。改革农村宅基地制度，目前农村空置宅基地3000万亩，相当于城市建成区总面积37%。因为，我国城市当中居住用地一般占城市建成区30%左右，比现有城市当中所有的住宅用地总量都要多，这是一种资源的极大浪费。如果拿出一小部分转到城市，可以大幅度降低地价，应赋予农村对宅基地的充分物权，可以长租、流转、抵押、继承。

习近平总书记在十九大报告中指示，要贯彻新发展理念，建设现代化经济体系，强调现代经济体系包括商品和要素平等交换的市场体系，有关部门应按照总书记确定方向加快推动城乡人口和土地自由流动。允许农村人进城落户用出售宅基地使用权收入在城市购房，也要允许城市人下乡购买宅基地使用权，才可以建立城乡一体住房制度、土地制度、户籍制度，才可以建立现代市场体系。

1.5 城市更新发展新内涵

1）城市更新包含各个功能区块的系统性更新迭代

经济发展、政治社会定位的变化，带来城市更新系统不断向更高的层次演绎迭代。城市更新系统由政府引导的制度更新、规划更新、环境更新、交通更新、机构更新和市场企业主导的建筑更新、人文更新、产业更新、场景更新、其他更新等不断发展演进，伴随着城市更新的始终（图1-3）。

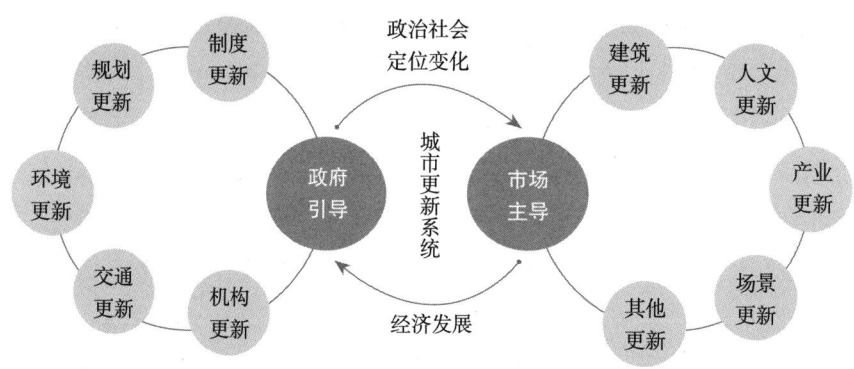

图1-3　城市更新系统内涵

2）减量建设时代，城市更新获得政策红利机会，房企参与数量与深度加大

随着城市的不断升级，城市更新已成为万亿级别市场，这个市场最大的产业机会是"通过传统业态提升坪效，提升资产价值"和"通过服务升级获得线下持续流量，获得平台型价值"成为最多人认可的产业机会。城市更新从内容、模式、领域到涉及城市和参与企业不断发展变化，不断成为企业持续保值增效的手段。

具体来看，城市更新主要区域为北京、上海、深圳等一线和热点二线城市，更新对象为旧村、旧厂和旧城更新，更新模式为城中村改造、"工改工"、"工改商住"、"工改居"等，更新领域主要是商业改造、住房租赁、内容更新、产业园区、办公升级、公益项目等（图1-4）。

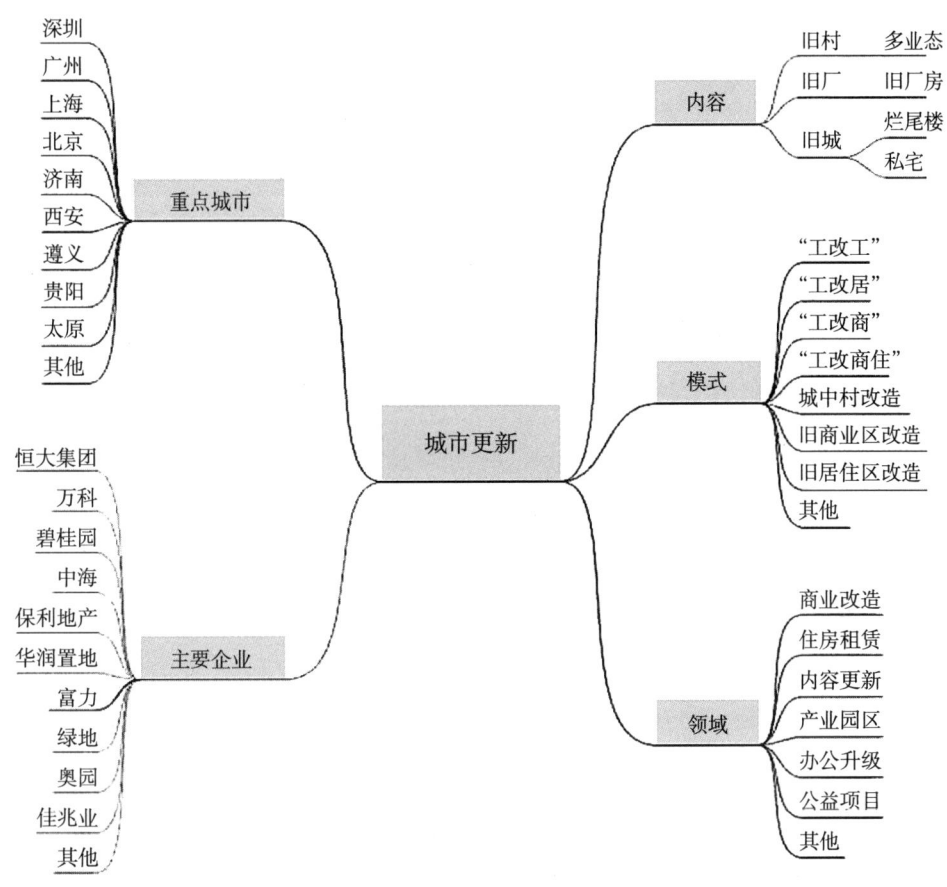

图1-4　城市更新核心内容

1.6 城市更新空间新载体

由政府主导至市场导向、再到多方参与演变过程中，存量新时代，哪里不平衡不充分，哪里就存在城市更新空间载体，具体表现在以下几个方面：

（1）产业升级没有跟上；

（2）地域不平衡；

（3）结构不平衡；

（4）空间和内容不适配；

（5）金融与消费不适配；

（6）产品、价格与使用者不适配。

1.7 城市更新房企新动向

近年来，品牌房企纷纷涉足城市更新领域，合作与收并购在加速进行，金融退出机制已见雏形。除了佳兆业、富力等一些拥有丰富旧改经验的房企，越来越多的房企加入城市更新的行列。目前，包括恒大、碧桂园、万科、保利地产在内，TOP50房企中有半数以上参与城市更新中，并且通过独立运作、收并购和合作三种方式参与城市更新。一方面当前城市更新存在需求，这会带来很多存量用地开发需求，所以城市更新本身也与房企业务结合。另一方面，城市更新会带来很多新商圈和复合型地产，所以很多房企会从这个角度积极参与其中。

（1）房企参与城市更新的主要方式为独立运作，如佳兆业成立200多人的专业公司，强化城市更新的品牌内涵；

（2）中南、旭辉等主要以收并购为主，如中南建设出让深圳草埔旧改项目47%股权，旭辉集团和龙光地产通过收并购获得城市更新项目；

（3）碧桂园等主要以合作形式参与，通过成立平台公司，如碧桂园、美的地产分别与顺控集团成立城市更新平台，奥园与恒基在资源和产品上通过良好的优势互补进行合作；

（4）高和通过国内首单城市更新类REITs——"高和城市更新权益型房托一号资产支持专项计划"实现城市更新，基金投资人通过证券交易所私募REITs退出的完整闭环（图1-5）。

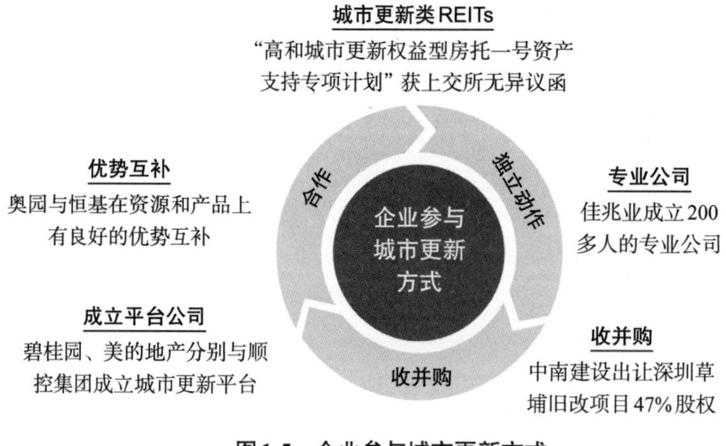

图1-5　企业参与城市更新方式

【中国恒大】

恒大成立于1997年，2009年于香港联交所成功上市。恒大集团是集地产、金融、健康、旅游及体育为一体的世界500强企业集团，曾经连续三年稳居中国房地产之首。

● 开发模式：恒大采用的是标准化高周转模式

恒大建立覆盖中端、中高端、高端及旅游地产等多个产品系列，恒大的四大产品线为恒大华府、恒大金碧天下、恒大绿洲、恒大城。典型产品为恒大绿洲，其特点是给人以生态感、居家感、归属感，被称为城市中央的绿洲。

恒大物业位列2019年中国物业服务百强企业名单的第6名，是国家一级资质物业管理企业。金碧物业以其鲜明的"三大特色"(特色的保安队伍、特色的物业服务、特色的社区文化)鹤立于全国物业管理行业。

2018年度，恒大营收4662亿元，净利润率15.5%，融资成本净额146亿元，平均融资成本约8.18%，资产负债率83.58%。

● 城市更新实践

2011年，恒大以16.64亿元收购深圳市建设(集团)有限公司71%股权，正式成立恒大地产集团(深圳)有限公司，同时又拿下建设大院旧改项目，诞生了深圳旧改最高赔偿项目，恒大建设集团大院旧改补偿比例是建筑面积1:1.5，规划建设600m超高层，标志着恒大正式进入深圳。

2012年，恒大完成收购深圳建设集团29%的权益，后者成为其全资控股子公司。

2013年，恒大通过收购国香地产，将布吉沙湾片区旧改项目收入囊中，打开深圳首开之作。

2016年5月，恒大斥资20亿元收购龙华大浪建滔化工地块，推广名为恒大时尚慧谷。在短短5年的时间里，深圳俨然成了恒大的主战场。

在城市更新领域，通过不断地拓展。恒大集团目前已拥有房地产开发项目超20个，其中大部分集中在福田、罗湖、南山、龙岗等区域，总建筑面积约1250万m²。恒大正是通过不断地并购、拓展成为深圳城市更新版图开发企业大户，迁址深圳并把它成为新主场。

从2011年至2016年底，经过5年的大举扩张，恒大在深圳的土地储备已十分充足，5年完成近6000亿元货值储备。

【万科集团】

万科成立于1984年，是国内第一家上市房地产开发商，位列2019年度中国房地产开发企业百强第3名。是房地产行业第一个中国驰名商标、住宅地产行业领导者，具有较高的品牌美誉度。

● 开发模式：万科采用的是标准化高周转模式

万科定位于城市配套服务商，坚持"为普通人盖好房子，盖有人用的房子"，被称为刚需中的战斗机。

万科的住宅产品是万科的支柱产品，主要面向中低端的首置、首改人群。目前，形成了金色、城花、四季、高档四大系列住宅产品。原来，万科只专注于住宅产品，随着万科收购印力、推出万纬物流等举措，万科逐渐提升了其在商业地产、物流地产方面的开发能力。

万科物管自2009年开始，连续十年蝉联国内物管百强企业第一名，为A级物管企业，成为其住宅产品的一大卖点。

2018年度，万科营收2977亿元，净利润率11.32%，融资余额2612亿元，平均融资成本5.42%，资产负债率84.59%。

● 城市更新实践

2014年，万科与佳兆业争夺深圳福田区南园新村旧住宅区项目，双方互相抬高对业主的拆赔比，但最终被政府叫停。

万科后来获得光明新区公明某厂区占地面积超20万m²的"工改商住"项目，但最终由于拆迁问题和最大业主毁约，在获得最大业主支付的数亿元违约金后退出了此项目。

万科仍在进行的深圳南山区南苑新村项目，是从深圳某本土开发商手中收购而来，现仍陷于拆迁泥沼，且也出现了和前期开发商的诉讼。目前，万科已很少直接参与城市更新的前期运作。

【碧桂园】

碧桂园成立于1992年，是一家以房地产为主营业务，涵盖建筑、装修、物业管理、酒店开发及管理、教育等行业为主的综合性企业，2007年，碧桂园在香港联交所主板挂牌上市，位列2019年度中国房地产开发企业百强第2名。

● 开发模式：碧桂园采用的是标准化高周转模式

碧桂园的郊区大盘是他们的典型产品，着眼三四线城市打造"凤凰"系列产品线。碧桂园项目选址于自然山水景观丰富、适宜人居的非城市中心区，在自然环境中建造全新都市生活。

近年来，碧桂园也开始着眼三四线城市商业打造"凤凰"系列产品线。项目多处于城市未来发展的潜力地区，从而力所能及地推动三四线城市的城市化进程。

2016年8月，碧桂园宣布"产城融合"战略，未来5年计划投入千亿元资金进行科技小镇的开发，推出科技创新智慧生态小镇计划，正式进军产业地产。2018年开始，碧桂园已然精心布局了机器人、农业等延伸业务。

2018年度，碧桂园营收3790.8亿元，净利润率12.8%，平均融资成本6.11%，资产负债率89.36%。

● **城市更新实践**

碧桂园于2015年首次进入深圳城市更新，刚开始的几年，直接介入前期，利用自己的规模优势获取了超过30个项目。但后来随着城市更新政策的变化，获取的项目中有部分无法实施。现在主要通过后期收购获取项目。

【中海地产】

中海地产隶属于中国建筑集团有限公司，1979年创立于香港，1992年在香港联交所上市，位列2019年度中国房地产开发企业百强第6名。中海拥有40年房地产开发与不动产运营管理经验，业务遍布中国香港、澳门及内地70余个城市及美国、英国、澳大利亚、新加坡等多个国家和地区。连续15年获中国蓝筹地产企业和中国房地产行业领导品牌。

● **开发模式：中海采用的是标准化高周转和差异化高溢价模式**

中海的建筑产品在房地产界有口皆碑，"每15个香港人就有一个住在中海建的楼里"，这句话就是对中海产品的最好注脚。

中海地产主要在一线、二线城市拿地，并且主要都是城市的主流地段。主要面向中高端的享受型和改善型人群。中海研发推出精耕细作、逐级递进的五代精品住宅，住宅产品线分为城市改善型，城郊改善型，郊区享受型以及高端系列。

2018年度，中海收入港币1714.6亿元，净利润率则达到了26.2%，持有现金为港币1005.6亿元，平均融资成本4.3%，资产负债率59.52%。

● **城市更新实践**

2012年，中海地产与福田区政府签订战略合作协议，系统以此作为进入城市更新的契机。2015年，通过定地价、竞可售面积方式获得了鹿丹村旧住宅区改造项目。

但至此后鲜有听说中海获取新的城市更新项目，可能与其国企、港企背景的规范运作方式有关。

【保利发展】

保利发展的前身——保利地产成立于1992年，具有深厚的政府背景，因此在获取土地和资金方面有着明显的优势，使其融资、融地在货币紧缩的环境下得心应手。保利地产位列2019年度中国房地产开发企业百强第4名，亦为福布斯世界500强第245位，2006年7月在上海证券交易所上市。为拓展多元产业发展，保利地产于2018年正式改名为保利发展。

● **开发模式：保利采用的是标准化高周转模式**

保利住宅产品分类型品牌和项目品牌两大类，涵盖了花园系、心语系、香槟系、公馆系、林语系、康桥系、十二橡树系、罗兰香谷系、海上五月花系多元化优质住宅物业的先进创新格局，产品定位以中高端为主。保利商业产品则以保利MALL、保利广场、时光里打造大型商业购物中心，以若比邻作为社区消费服务领域的主力输出，打造出自己特色标准化的商业品牌。

保利发展近年来也从专注于住宅、商业地产等物业开发、运营，逐步转型为住宅兼顾度假型项目的建设和运营，以"山、海、湖、汤、文、乐"六主题完善度假体系，发展进行了"旅游+产城融合"的新实践。

2018年度，保利营收1945.55亿元，净利润率13.44%，融资余额2636.57亿元，平均融资成本5.03%，资产负债率77.97%。

一 城市更新当前发展特征

● 城市更新实践

2010年4月，龙岗区城改办与保利集团雅豪园投资有限公司签订龙城爱联岗贝村旧改项目改造主体确认及监管协议，这是按照新城市更新政策执行以来龙岗区首次确认实施主体的项目，亦是保利打响深圳城市更新的第一枪。

2010年7月，该项目土地成功出让，成了深圳首次通过协议出让完成第一个城市更新项目，现该楼盘名称为保利上城，已于2011年11月入市。

保利地产和深圳本土中型开发商勤诚达地产成立了保诚地产、保达地产等多个平台公司去获取城市更新项目，勤诚达占49%股份，保利占51%股份。双方同股同投，除了龙岗五联项目外，也获取了多个其余城市更新项目。

【融创中国】

融创中国成立于2003年，是一家专业从事住宅及商业地产综合开发的企业，公司坚持区域聚焦和高端精品发展战略。在京、津、沪、渝、杭拥有众多处于不同发展阶段的项目，产品涵盖高端住宅、别墅、商业、写字楼等多种物业类型，于2010年10月香港联交所成功上市。融创位列2019年度中国房地产开发企业百强第5名。

● 开发模式：融创采用的是差异化高溢价模式

融创住宅典型产品有壹號院系、桃花源系、城市府系、九府系、桃源系与宜和系。其中以最高端产品壹号院为代表的作品深受同行关注认可，采用抽象建筑形态，与各地特色自然景观融合，形成城市典藏自然体验。

近年来，融创也开始在商业领域具有强劲的发展势头，在一二线城市加码布局存量商业地产领域，已经形成了完备的"精彩系"商业体系，全线涵盖综合体商业·融创中心、区域型商业·精彩天地、邻里型商业·精彩汇、社区型商业·精彩派的四大商业产品线。

融创由原来致力于做一家高端住宅开发商，已经拓展到融创地产、融创物业、融创文旅和融创文化中国四大战略板块。2017年，融创中国通过与万达商业地产13个文旅项目的合作，高起点完成了文旅板块的布局。2018年12月融创文化集团成立，主要包含乐创文娱和东方影都融创影视产业园。

2018年度，融创营收1247.5亿元，净利润率12.4%，现金余额1201.98亿元，平均融资成本6.81%，资产负债率89.81%。

从2014年收购绿城、佳兆业，到并购莱蒙国际、万达资产包，"并购"正成为融创进入新市场的利器，从而开始了在华南区域的布局。

● **城市更新实践**

2016年，融创通过股权收购的方式首次进入深圳城市更新领域，收购了莱蒙国际旭联工业区城市更新单元项目，并于2018年7月入市，命名为融创智汇大厦。此外融创还并购了深圳坪山冠瑛塑胶厂公司，目前处于前期拆迁阶段，预计后续将进行"工改工"城市更新。

截至2018年底，融创在深圳开发物业总占地面积11.33万 m^2，总建筑面积54.05万 m^2，是融创在一、二及强三线城市全国化布局战略中，面积占比最小的城市。

【佳兆业】

佳兆业成立于1999年，2009年12月在香港联交所成功上市。是一家业务领域上坚持地产开发，同时加大旅游、商业、酒店、财富管理、健康医疗、文化体育、科技产业、职业足球俱乐部等领域发展的综合性企业，位列2019年度中国房地产开发企业百强第29名。

● 开发模式：佳兆业采用的是标准化高周转模式

佳兆业有五大产品系列，即水岸系列、丽晶港系列、中心系列、金翠园系列、旅游系列。目标客户群是中高端客户人群。佳兆业凭借核心产业平台打造文体活力小镇、健康桃源小镇、科技产业小镇三大特色小镇产品线，全面推动小镇项目落地，内在要求产业、文化、旅游"三位一体"，生产、生活、生态融合发展。

2018年度，佳兆业营收387亿元，净利润率8.52%，融资成本净额21.7亿元，平均融资成本7.9%，资产负债率84%。

佳兆业在近十年间每年平均转化旧改项目建筑面积94万 m^2，被誉为业界的"旧改之王"。

● 城市更新实践

佳兆业城市更新业务始于成立之初，1999年，佳兆业便在深圳龙岗区拿下了总建面58万 m^2 的烂尾楼地块，最后打造成了龙岗布吉楼王"桂芳园"，成为佳兆业深圳城市更新的首个项目。

2002年，深圳罗湖"百荣大厦"被佳兆业收购更新，化作"佳兆业商业大楼"，随后佳兆业推出首个商业项目——深圳布吉东大街商业街。

2003年，佳兆业以4亿元人民币将深圳著名的烂尾楼子悦台收入囊中。

2004年，佳兆业又成功转化了深圳可园、深圳佳兆业城市中心等项目，集团城市更新走上发展快车道。

2013年，佳兆业抢先卓越一步，成功拿下宝安西乡河东旧村改造项目。

2014年，佳兆业与万科争夺深圳福田区南园新村旧住宅区项目，双方互相抬高对业主的拆赔比，但最终被政府叫停。

2016年11月，佳兆业与天健集团签订合作协议，共同开发市政大院，开启了佳兆业城市更新集团与国企合作进行项目操作的新模式。

2017年，佳兆业收购23年烂尾东门新世界大厦，拟定名为"佳兆业东门道"，于2019年底前后完工。

截至2018年底，佳兆业在粤港澳湾区一共有119个城市更新项目，包括深圳的81个项目，总占地面积约3000万 m^2。

佳兆业在涉足城市更新业务20年内成功转化了超过1100万 m^2 的城市更新项目。

【华润置地】

华润的前身是于1938年在香港成立的"联和行"，1983年改组成立华润（集团）有限公司，2003年归属国务院国资委直接监管，被列为国有重点骨干企业，位列2019年世界500强第80位。华润置地是华润集团旗下负责城市建设与运营的战略业务单元，是内地领先的城市综合投资开发运营商，1996年在香港联交所上市，位列2019年度中国房地产开发企业百强第8名。

● 开发模式：华润采用差异化高溢价和标准化高周转模式

华润住宅典型产品有幸福里系、蓝湖城系、橡树湾系、悦府系、凯旋门系及九里系。华润悦府是华润置地旗下"万象高端"系列的升级版，以深圳湾悦府为例，在寸土寸金的深圳，该项目通过交错排布的设计，从最初的4栋4单元规划，减少为2栋4单元，最大限度保证了项目自身的楼间距、景观面、园林空间的最大化。

华润置地以高端商业产品线定位的万象城/万象天地、区域商业中心定位的万象汇/五彩城系列以及华润1234Space作为华润旗下地产三大商业产品线。截至2018年12月，已开业万象城/万象天地22个、万象汇/五彩城12个、储备项目44个，深圳也是作为目前三大商业产品线全部拥有的唯一城市。

华润置地擅长通过复制精品实施扩张战略，已明确搭建"住宅+商业"的模式，由相对比较单一的住宅运营商向综合型的地产发展商转变。

2018年度，华润置地营收1121.9亿元，净利润率15.9%，融资余额159.0亿元，平均融资成本4.47%，资产负债率42.3%。

● **城市更新实践**

2009年，大冲实业股份公司与华润集团正式签订《大冲旧改合作意向书》，该项目是当时深圳市最大的旧改项目，2013年12月，大冲旧改回迁房自住A区顺利封顶，成为区域城市空间更新项目的新标杆。2012年4月，华润与下李朗村签订协议，拿下该旧改项目。

2012年，华润置地就获得了湖贝旧村城市更新项目的开发主导权，于2017年2月《罗湖区东门街道湖贝城市更新统筹片区规划》予以公示，将打造罗湖新地标，树立666m中国第一高楼湖贝塔。

2017年12月，华润置地中标华富村棚改项目代建工程，承接"深圳棚改第一村"项目，作为城市老旧住宅区改造的试点。

截至2018年，华润华南大区已经落地以及在拓的项目超过90个，拓展土地面积超过1100万m²，在城市建设运营领域深圳区域中标了52个全过程的代建项目，覆盖8大业务类型。

【绿地控股】

绿地控股是一家全球经营的多元化企业集团，依托房地产主业优势，积极发展大基建、大金融、大消费及新兴产业等关联板块集群，实现"3+X"综合产业布局。绿地创立于1992年，在中国A股实现整体上市，并控股多家香港上市公司，位列2019年度中国房地产开发企业百强第7名，亦为2019年世界500强企业第202位。

● 开发模式：绿地采用的是标准化高周转和差异化高溢价模式

绿地住宅产品主要分为老街、新里、海珀、新城镇、海域五大系列，覆盖中端、中高端、高端各个社会阶层。其中海珀系列为绿地最高端住宅产品，位于城市稀缺地段、中央社区或高尚地段，从细小的户型局部设计到立面园林景观规划，再到物业服务，均体现出不可替代的产品要素。绿地商务产品分别为绿地中心、绿地中央广场、绿地新都会、绿地之窗，其中绿地中心在武汉、大连、成都、南京等二线城市都成为当地超高层地标建筑。

绿地物业成立于2010年，具有国家一级资质物业服务，于2017年6月，被雅居乐收购其100%股权，同年8月，绿地又回购了其20%股权。

绿地在全国多个城市建设超高楼层绿地中心，刷新当地高楼记录，给予崭新的"城市名片"，被誉为"摩天大楼专业户"。

2018年度，绿地营收3484亿元，净利润率6.97%，现金余额697亿元，平均融资成本约5.4%，资产负债率89.49%。

● 城市更新实践

2015年，绿地以11.99亿元收购光明东周片区城市更新项目67%的股权。

2016年，公示深圳市钰镌龙投资有限公司（绿地占股67%）为项目一期实施主体，该项目亦由原来"光明中心城"改名为"绿地新都会"，是绿地进军深圳首开之作。

2017年，绿地以2.95亿元竞得深汕合作区一宗商服用地，命名为深汕绿地中心，打造一座211m城市综合体，为深汕合作区第一高楼。

绿地控股在2011年成立绿地广东，深耕华南地区，打造了一大批优质住宅、综合体、产业项目，目前已在广东省9个城市布局了32个项目，大部分项目位于广佛地区，其中深圳目前有2个项目（含深汕绿地中心）。

龙湖集团1993年创建于重庆，业务涵盖地产开发、商业运营、长租公寓、智慧服务四大主航道业务，并积极试水养老、产城等创新领域。2009年，龙湖控股于香港联交所主板上市。龙湖位列2019年度中国房地产开发企业百强第10名，已连续8年获得"中国房地产开发企业综合实力10强"，集团业务遍布全国7大城市群、40余个城市。

● **开发模式：龙湖采用的是差异化高溢价和标准化高周转模式**

龙湖地产具有别墅、洋房、高层、超高层豪宅、"山、海、港"五大系列。其中，别墅系列可细分为蓝湖系列、滟澜系列，洋房系类可细分为香醍系列、大城小院系列，高层系列可细分为资源型、规模型。龙湖商业形成都市购物中心"龙湖天街"系列、社区特色商业龙湖"星悦荟"系列、高端家居生活馆龙湖"家悦荟"系列三大多元化产品体系。

龙湖物业成立于1997年，位于2019年中国物业服务企业综合实力百强第9位，并荣膺2018中国物业服务百强企业经营绩效第三名及科技物业领先企业等殊荣。

从2001年第一个别墅产品"香樟林"诞生后，龙湖已累计开发了40000余栋别墅，始终以高标准要求自己，建筑、园林、物业，细致入微的推敲，成为业界典范，被业界誉为"中国别墅专家"。

2018年度，龙湖营收1158亿元，净利润率11.1%，现金余额452.6亿元，平均融资成本4.55%，资产负债率77.22%。

● **城市更新实践**

龙湖集团2016年通过获得龙华龙津服装厂旧改项目首次进入深圳市场，于2019年12月入市，推广名为龙湖春江天玺。

2017年5月，再次拿下深圳盐田区沙头角商业地块，于2018年12月入市，推广名为龙湖天琅，亦是龙湖在深圳首个开售项目。

龙湖目前已在大湾区把城市的骨架铺开，进入了包括深圳、香港、东莞、广州、佛山、珠海、中山等7个城市，已有15个项目、共大概150多万 m^2 的土地储备，权益储备超过100万 m^2，货值超过530亿元。

【大悦城控股】

大悦城控股集团成立于1993年，是中粮集团旗下唯一的地产投资和管理平台，主要以开发、经营、销售、出租及管理综合体和商业物业为主。大悦城控股前身为深圳宝恒（集团）股份有限公司，于1993年10月在深圳证券交易所上市，在2005年被中粮集团收购，更名中粮地产集团，并于2019年3月中粮地产正式更名为大悦城控股集团。位列2019年度中国房地产开发企业百强第27名。

● **开发模式：大悦城采用的是标准化高周转模式**

大悦城的四大住宅产品系列为壹号系列、祥云系列、锦云系列及鸿云系列。三大商业产品系列为大悦城系列、大悦春风里系列、祥云小镇系列，品牌定位时尚、潮流，以年轻中产、成熟中产为核心客群。

大悦城地产坐拥深圳市宝安区大量工业地产，官网透露其坐拥1040多万 m^2 厂房，一度被称为"宝安地主"。

2018年度，大悦城营收141.2亿元，净利润率14.19%，融资余额4.9亿元，平均融资成本4.39%，资产负债率84.91%。

● **城市更新实践**

大悦城地产自1981年迈入深圳深耕房产，2011年6月公明创维旧改项目（中粮云景国际）被纳入深圳城市更新计划中，原由新创维电器（深圳）有限公司为申报主体，后于2013年10月21日中粮地产与新创维电器（深圳）有限公司、深圳创维置业有限公司签订合作协议以16.5亿元的搬迁补偿获取该项目。

2011年12月，新安街道25区城市更新项目（中粮大悦城）立项，但停滞多年后，又被列入《2015年深圳市城市更新单元计划第二批计划》中。2012年新安街道22区中粮工业园（中粮天悦壹号）项目，被纳入《2012年深圳市城市更新单元计划第二批计划》。

2013年10月，中粮地产的工业厂房（中粮商务公园）项目，取得《建设工程规划许可证》，重点发展包括科技研发、创意产业、服务外包等在内的"双高型"产业。中粮祥云项目原属于锦峰集团，后于2013年11月1日与中粮地产签订股权转让协议，从而获得开发建设爱联社区A区旧村改造项目。

2015年，大悦城地产打造中粮立新湖项目一期（中粮凤凰里），项目围绕整个立新湖打造66万m²城市综合体。

2016年1月，中粮金帝食品厂区旧改，中粮地产与中国食品签署了收购后者旗下金帝100%股权及债务，由于双方均属于中粮集团旗下企业，该收购事项构成关联交易。

2016年8月，中粮地产与深圳汇金柒号投资合伙企业共同设立合资公司，收购长营电器股权对应的全部资产及权益，2018年6月，宝安"工改工"项目长营地块立项，即中粮长营地块城市更新单元。

大悦城在粤港澳大湾区核心城市深圳、广州等拥有众多城市更新项目，资源超过210万m²，未来通过城市更新方式将获取到优质的土地储备。

截至2018年6月，大悦城在深圳宝安区拥有物业建筑面积约131万m²。大悦城将通过盘活存量资源、城市更新、利用产业整合能力、利用大悦城品牌优势及现有一级开发等形式获取土地，预计未来3～5年间大悦城将新增土储6000万m²。

【龙光控股】

龙光成立于1996年，2013年10月于香港联交所成功上市，是以住宅开发为主的一体化物业发展商，其发展核心区域位于粤港澳大湾区，位列2019年度中国房地产开发企业百强第23名，同时2018年在《财富》中国500强企业排行榜中跃居第266位。

● 开发模式：龙光采用的是标准化高周转和差异化高溢价模式

龙光住宅产品系有阳光系、水悦系、龙光城系、城悦系、尊悦系、玖系与天系。其中玖系作为高端产品系列，以前瞻科技打造智慧生活，在市场上同类产品中一直处于领先地位，亦是龙光布局深圳最主要的品牌系列。

龙光商业地产项目重点聚焦粤港澳大湾区及其他一线城市，依托地铁交通聚合力，目前自持商业物业面积近100万m^2。2016年，龙光集团成立海外地产公司，陆续在中国香港、新加坡、澳大利亚等地进行项目拓展。

2018年度，龙光营收441.37亿元，净利润率28.4%，现金余额357亿元，平均融资成本6%，资产负债率78.4%。

● 城市更新实践

2017年11月，龙光集团以69.8亿元拿下了康侨佳城公司70%股权，将2010年已立项，由深康佳（70%）与华侨城（30%）合资成立康侨佳城公司，将南山区康佳集团总部厂区旧改项目收入囊中，亦是龙光首次杀入深圳市中心的项目。

2018年12月，龙光斩获工改项目——南山利丰雅高印刷厂，更新方向为新型产业。

2019年6月，龙光以65.85亿元的天价摘得龙华民治地块，楼面价高达6.7万元/m^2。

截至目前，龙光在深圳拥有12个地铁物业项目，深圳土储权益总货值达1805亿元，2017年和2018年成交套数连续两年位居深圳第一位。

一 城市更新当前发展特征

【卓越集团】

卓越集团成立于1996年，是一家业务涉及房地产开发、商业经营、酒店管理、城市更新、物业管理、不动产担保等诸多领域发展的综合性企业，位列2019年度中国房地产开发企业百强第53名。

● 开发模式：卓越以商办类地产开发为主

卓越的三大住宅产品系列，即卓越蔚蓝人居系列、卓越城市上居系列、卓越城区别墅系列。目标客户群是中高端客户人群。产品定位于打造经济、时尚、充满时代感的活力社区和具有复古街道功能的新型住区。

卓越商务系列产品线有卓越时代系列、卓越世纪系列、卓越都市综合体系列，产品定位于CBD城市商务地标。

卓越不但见证了深圳CBD从罗湖到福田的迁移，也是至今唯一布局深圳福田中心区、后海中心区、前海中心区、宝安中心区的开发商，成为四大中心区中最大的商务地产开发商，实至名归的"深圳CBD写字楼专家"。

● 城市更新实践

2006年开始，卓越与皇岗股份公司合作打造大型综合体城市更新项目——卓越世纪中心。

2009年，卓越与金地、大百汇联合开发的深圳中心·天元，该项目用全球智慧演绎了这个深圳最具代表性的城中村改造项目，并成为深圳新的城市名片。

2012年，卓越收购上梅林城市更新项目，打造了深圳卓越城项目。

2013年，卓越集团组建了全国首个城市更新集团公司，致力于在全国范围内开展城市更新项目。2013年9月，卓越集团和大鹏新区葵涌高源社区签订谭屋围旧改协议，并于2016年3月获批为深圳市年度重大项目。

2014年3月，卓越签约横岗同兴五金厂项目，并迅速拆迁动工。同年，卓越城市更新集团公司与沙井辛养股份公司签订协议，顺利拿下辛养工业区的城市更新项目。

2016年2月，保利地产将喀斯特中环星苑置业有限公司的73.71%股份转售卓越地产后，项目中环阳光星苑正式更名为卓越星源。

截至2019年6月，卓越集团业务范围发展至全国32个城市，在住宅开发领域，已建或开发住宅项目130余个。卓越地产的土地储备超过5000万 m²，其中近70%位于粤港澳大湾区，在深圳累计已建和开发写字楼超过40座。截至2019年8月，卓越城市更新集团累计已签约项目50余个，通过政府计划立项审批项目20余个，已完成拆迁并开工建设项目达13个。

经过20多年的发展，卓越集团从深圳起家，不断通过合作、收购、拍卖方式获取项目。特别是在城市更新集团诞生后，在城市更新方面的拓展更为频繁。

【泰禾集团】

泰禾成立于1996年，是一家在地产、金融、文化等领域多元发展的大型知名上市公司。泰禾地产位列2019年度中国房地产开发企业百强第28名。秉持"深耕核心一线，全面布局二线"的布局战略，坚持"文化筑居中国"的品牌理念，以前瞻性的布局战略、高品质的精品战略、差异化的竞争策略，品牌影响力持续提升，企业规模不断壮大。

● 开发模式：泰禾采用的是差异化高溢价模式

泰禾主打开发以院系、园系、府系等系列为核心品牌的高端住宅地产产品。泰禾院子系是泰禾精品高端产品线，与创新中国传统的"坊巷、院落"文化相结合，建造最纯粹的新中式建筑，短短几年来，泰禾院子已布局北京、上海、深圳、苏州、杭州、南京等地，"十七城 三十院"名动中国。泰禾商业传承三坊七巷多元的业态，对城市消费行为、人文加以洞察与分析，通过注入多元业态和打造多元场景，形成了强有力的大型高端城市综合体品牌——泰禾广场。

2018年度，泰禾营收309.85亿元，净利润率8.24%，现金余额115.58亿元，平均融资成本8.5%，资产负债率86.88%。

一直致力于新中式传统建筑品质的泰禾，拥有着独特风格及强大的"院子系"IP，被誉为"造院宗师"。

● **城市更新实践**

2015年12月，泰禾首次进军深圳，以57亿元竞得宝安尖岗山的两块住宅用地，刷新当时全国单价地王纪录。

2016年5月，泰禾以57.2亿元的总价拿下坪山商业地块，命名为深圳泰禾中央广场。2016年11月，泰禾宣布代建操盘2015年信达地产以30.3亿元夺下的坪山地王，命名为信达泰禾·金尊府。

截至目前，泰禾在粤港澳大湾区中的8个城市布局了11个项目，总货值超过千亿元。其中泰禾在深圳拥有3个物业项目，2个待售（泰禾深圳院子、信达泰禾金尊府），1个在售（泰禾中央广场）。

（目前该企业遇到了金融困难，城市更新项目成了其去化缓慢的压力。）

【奥园集团】

奥园集团于1996年在广州成立，2007年在香港联交所主板上市，拥有"地产、商业地产、国际投资、健康生活、科技、文旅、金控、奥买家"八大二级集团。奥园位列2019年度中国房地产开发企业百强第26名，秉承"构筑健康生活"品牌理念，实施"一业为主，纵向发展"的发展战略，成功打造"地产、商业、科技、健康、文旅、金融、跨境电商、城市更新"八大产业板块。

● 开发模式：奥园采用的是标准化高周转模式

奥园作为中国主题地产理念的开拓者，拥有六大创新模式——地产+体育、地产+教育、地产+文旅、地产+商业、地产+跨境电商、地产+健康养生，以"地产+体育"起家，成功开发了国内首个运动社区——广州奥林匹克花园，创新性地提出"复合地产"和"主题地产"的概念。奥园商业秉持复合地产开发理念和"商住融合发展战略"，开发了"奥园广场""奥园城市天地""奥园冠军城"等核心产品线，业绩年年实现100%以上快速增长，被评为"中国商业地产综合实力十强"。

以健康、运动为核心，开创性地将房产开发与人类生活密切结合，开发运动、教育、商业、养生休闲等多元化复合人居，被誉为"中国复合地产的缔造者"。

2018年度，奥园营收310.1亿元，净利润率9.48%，现金余额396.2亿元，平均融资成本7.4%，资产负债率83.7%。

● 城市更新实践

2016年4月，奥园以22.9亿元收购坪山区富泰华澜湾项目，首次进军深圳，并于2017年入市，推广名为"奥园翡翠东湾"。

2017年2月，奥园以9.8亿元并购公明街道秋硕片区更新单元项目，命名为奥园峯荟，该项目原由秋铭投资开发。

截至2018年，奥园已实现大湾区"9+2"城市的全覆盖，共有项目50个，总建筑面积约750多万 m²。其中奥园在深圳拥有的2个物业项目均已入市。

【东原地产】

东原地产成立于2004年，是一家以地产开发、商业开发、物业服务为核心业务的大型综合企业。2014年，东原地产成功重组置入迪马股份，资本力量全力助推地产板块。东原地产位列2019年度中国房地产开发企业百强第45名，凭借迅猛有力的全国化扩张、稳健的现金流以及卓越战略的有效落地，连续8年稳居中国房企百强。

● **开发模式：东原采取的是标准化高周转和差异化高溢价模式**

凭借优异的产品力和持续的创新力，东原集团根据客户不同生活需求，成功打造两个产品品牌，即高定人文华宅产品品牌——印系列、臻配丰盛美宅产品品牌——阅系列。近年，东原开始倾力打造三大社区运营品牌，即优配社区人文亲邻系统的东原·原聚场、优配社区儿童成长系统的东原·同梦同享、优配社区全装修成品住宅的东原·优度优家。

东原物业成立于2004年，荣获物业管理一级资质，覆盖华东、华中、华南、西南四大区域，服务超100个精品项目，位于2019年中国物业服务企业综合实力百强第30位。

东原地产在地产开发、商业运营、物业服务三驾马车齐头并进的发展态势下，东原地产也将继续砥砺前行，通过自身努力全面实现商业和社会价值的双赢。

2018年，东原地产母公司迪马股份营收132.46亿元，净利润率7.68%，融资余额120.18亿元，平均融资成本7.65%，资产负债率80.44%。

● **城市更新实践**

2018年8月，东原地产首入深圳，获罗湖清水河街道中溢地块"工改工"项目，以东原地产主导占股51%的深圳中溢同德置业有限公司作为申报主体，该项目被列入《2018年深圳市城市更新计划罗湖区第五批计划》。

2019年7月，东原地产斥资11.19亿元，一举夺得了广州增城地块，这也代表东原将其全国布局进一步扩大至粤港澳大湾区。

东原坚持"精选一二线城市"的深耕战略布局，围绕华东地区、华中地区、华西地区、西南地区等区域经济发达城市深耕发展，近来并不断向以广深为代表的粤港澳大湾区进行拓展。

【宝龙地产】

宝龙地产控股有限公司成立于1992年，宝龙产业经营不断拓展，形成地产、商业、酒店、文化艺术等多元产业协同发展的格局。宝龙地产自2003年起专注开发运营综合性商业地产项目，2009年在香港主板成功上市，宝龙地产位列2019年度中国房地产百强企业第44名。

● **开发模式：宝龙采用的是标准化高周转和差异化高溢价并行模式**

宝龙地产三大产品系列，即宝龙一城、宝龙城、宝龙广场，分别对应为（超）高端、中高端及中端系列产品。宝龙一城是宝龙地产商业综合体产品线中首个轻奢定位的超高端产品，主打产品"宝龙广场"是集大型购物中心、超市、百货公司、零售店、电影院、美食广场、住宅物业及其他休闲设施于一体的城市综合体，打造出属于自己特色标准化的商业品牌。

上海宝龙物业管理有限公司成立于2007年，截至2018年底，宝龙地产已在全国逾40城布局超100个物业项目，其中在营购物中心达39个，是中国领先的物业服务企业。

2018年度，宝龙营收195.94亿元，净利润率18.62%，现金余额148.4亿元，平均融资成本6.48%，资产负债率76.09%。宝龙地产热衷于将各种文化融入商业开发产品中，为其注入文化内涵，营造产品的艺术生态环境。

● 城市更新实践

2019年11月，宝龙地产以20.5亿元竞得珠海高新区港湾大道北、金峰北路东侧地块，项目内容有体验式购物中心、创智型写字楼、生态居住和五星级酒店，将打造成为高新区第一个大型商业综合体，也将成为宝龙地产入驻粤港澳大湾区的首个项目。

2019年12月，宝龙地产再次落子粤港澳大湾区，以底价31.2亿元摘得珠海金湾商住地，随着在大湾区的成功落子，宝龙重燃长三角区域外开疆拓土的雄心。

截至2018年底，宝龙在长三角区域土地储备1451.4万 m^2，已在长三角、环渤海经济区、海西经济区、海南国际旅游岛及中西部地区超40个城市打造了超130个高品质项目，宝龙正以立体多元的业态，满足国内不断增长的复合型房地产需求。

【福晟集团】

福晟集团成立于2003年，是一家地产、建筑两翼协同，涉足金融贸易、物业管理等多元化领域的大型综合性企业集团。2017年12月，福晟集团正式登陆香港资本市场，佑威国际被福晟集团收购并更名为福晟国际，2018年1月在香港成功上市，位列2019年度中国房地产开发企业百强第50名。

● 开发模式：福晟采用的是标准化高周转模式

福晟集团以"福和、福悦、福颐、福臻、福泰"五福住宅产品为研发核心，打造"钱隆系、府第系、美墅系、榕华里系、美悦系"住宅产品线。作为首家推出Office tree商务智慧体的地产企业，福晟商业先后开发了"福晟·钱隆广场""福晟金融中心""福晟MALL""福晟里"和"福街"五福商业产品线，打造企业、商家、白领、业主共生共赢的商务生态圈。

福晟物业成立于2006年，现为中国物业管理协会副秘书长单位，国家一级物业管理资质企业。物业重点覆盖国内一二线城市，位列2019年中国物业服务百强企业名单的第37名。

2018年度，福晟集团营收401.88亿元，净利润率2.92%，融资余额372.71亿元，平均融资成本6.32%，资产负债率75.53%。

2017年，福晟集团拿下货值3199亿元的项目，排名全国货值榜单第7名。到2018年末，公司土地储备的货值已超过8000亿元，曾被业内称为"拿地飞虎队"。

● 城市更新实践

2016年3月，福晟集团公布获得深圳市龙华区松元厦城市更新项目，由此正式进入深圳。

2017年5月，广州福晟置业成立，标志着福晟集团正式迈开深耕粤港澳大湾区的步伐。2018年3月16日，广州区域集团挂牌成立，短短一年时间内，就获得在广州、中山、佛山、东莞等地的11个项目，顺利在大湾区立足。

2018年6月，福晟集团子公司福晟地产成功拿下宝安翻身工业片区城市更新项目，预计将于2021年开始动工，2023年建设完成。

2020年1月，世茂集团与福晟集团正式宣布双方缔结战略合作伙伴关系。福晟集团将把其在粤港澳大湾区拥有建筑面积达1000万 m^2 的城市更新项目交由世茂集团操盘经营。

2018年福晟集团拥有粤港澳大湾区土储建面830万 m^2，土储货值2581亿元。截至2018年末，福晟集团总土储货值超过8000亿元。

（目前该企业遇到了金融困难，城市更新项目成了其去化缓慢的压力。）

一 城市更新当前发展特征

花样年控股集团有限公司起步于1998年，总部设立在深圳，2009年11月，在香港联交所主板成功上市。花样年集团通过地产+社区双头部战略，轻重并举，致力于打造中国一流的房地产社区智造商和最大的社区O2O服务平台，业务覆盖中国内地超过200个城市，位列2020年度中国房地产开发企业百强第71名。

● **开发模式：花样年采用的是差异化高溢价和标准化高周转模式并行**

花样年采用双核心产品策略，重点开发商务综合体和精品高档住宅，商务综合体代表作品有美年广场、香年广场、福年广场、喜年广场；精品高档住宅位于拥有自然景观或文化地标的城区及城郊地区，代表作品有大溪谷、君山、花样城、花郡、花好园等，其中"花"系列以精品小户型著称。花样年商业目前有面向家庭消费和年轻时尚人群的中高端区域级购物中心——花生唐系列，以及面向高端人群的城市级购物中心——红唐系列。

花样年旗下的彩生活服务集团成立于2002年6月18日，总部设立于深圳，为中国大陆百强一级物业企业，位列2019年物业服务企业综合实力500强第6名。

2019年度，花样年营收190.82亿元，净利润率7.87%，现金余额230.44亿元，平均融资成本10.88%，资产负债率73.5%。

花样年倡导"艺术地产"开发理念，不仅在建筑风格及理念上渗入艺术元素，还通过在项目中营建艺术馆来推动公共艺术的发展，在业内外有"艺术地产"倡导者和实践者的美誉。

● **城市更新实践**

2009年12月，花样年收购鹏基时代创业园项目首进南山区，并命名为花样年美年广场。

2011年2月，世界（集团）就位于深圳坪山塑胶厂项目与花样年订立合作开发框架协议，于2014年纳入城市更新计划。2017年世界（集团）与花样年签订协议，获得13.04亿元物业货币价值及3500万元的补偿现金；2018年年中确认花样年为实施主体，2019年该项目正式开工建设，预计2021年住宅部分会率先入市。

2019年11月，平安不动产13.81亿元入股花样年，共同开发21万 m^2 龙华玉石新村土地整备项目，目前该项目尚在申报专项规划阶段。2019年11月，花样年操盘的福田梅林越华工业区城市更新项目获批，规划建设9万 m^2 产业研发用房。

截至2019年底，花样年在大湾区的土储主要为城市更新项目，共计46个，分布在深圳、东莞、惠州、广州、佛山、中山六大核心城市；其中深圳项目共规划732万 m^2，达27个项目，预计总货值约2055亿元，覆盖福田、南山、罗湖、盐田等关内核心区在内的所有区域。

【金科集团】

金科集团成立于1998年，经20余年创新发展，形成了以民生地产开发、科技产业投资运营、生活服务、文化旅游康养等相关多元化产业四位一体协同发展的大型企业集团，具备强大的综合竞争力，是城市发展进程中领先的"美好生活服务商"，2011年8月在深交所A股正式挂牌上市。金科位列2019年度中国房地产开发企业百强第17名，已连续多年跻身"中国企业500强""中国民营企业500强""中国地产品牌价值10强"。

● **开发模式：金科采用的是标准化高周转模式**

金科三大系列住宅产品分别为：代言东方传世大宅的"琼华"系、萃选东方人文华宅的"博翠"系、品味东方都市美宅的"集美"系。其中博翠系作为三大产品线引领之作，是金科面向城市新中产阶层的改善型消费需求，倡导健康生活方式，以现代东方的美学体验、高档轻奢的档次体验和品味甄选的生活体验，致力于打造萃选东方的人文华宅。

金科商业三大产品线分别为：以满足居民日常生活类消费为主的便利性邻里中心——金科美邻街；以满足核心圈居民生活类消费为主，兼顾休闲与娱乐的复合性生活中心——金科美邻汇；以满足核心圈居民生活、娱乐及社交的一站式需求的综合性区域中心——金科美邻广场。

金科物业成立于1998年，物业服务覆盖中国城市已达135个，管理规模约2.2亿m²，管理项目611个，位于2019年中国物业服务企业综合实力百强第10位。

2018年度，金科营收412亿元，净利润率9.75%，现金余额298.5亿元，平均融资成本6.78%，资产负债率83.63%。

金科地产凭借多年积累的产品细分、规划水平、产品品质、园林景观、成本控制、物业服务的六种经验建造，将法式别墅演绎得淋漓尽致，有着"花园洋房之父"的美誉。

● 城市更新实践

2017年2月和5月，金科在深圳出资成立数家公司，并在此期间收购一些本地项目公司的股权，冠上金科之名，曲线进入深圳。

2017年10月，金科15.9亿元夺下佛山顺德创智城地块，成为金科华南区域首个项目，并命名"金科博翠天下"推出市场。2017年11月，金科拿下规模约9万m²的龙华民治项目。此外，金科还把另一个此前代建的龙华项目收入麾下，目前金科在深圳拥有两个旧改项目。

2018年6月，金科经过59轮的激烈争夺，最终以14.8亿元夺得南沙区黄阁地块，是金科首进广州之作。

从2018年开始，金科计划加大华南地区投资开发力度，布局大湾区，计划重点拓展广州、深圳、福州、佛山、肇庆、惠州、东莞、中山、珠海、江门10个城市。截至2020年上半年，金科官方公布粤港澳大湾区已入市的项目共11个，涉及广州、佛山、汕头、韶关、茂名5城。

【中国金茂】

中国金茂于2004年在香港成立，是世界五百强企业之一——中国中化集团有限公司旗下房地产和酒店板块的平台企业，于2007年8月17日在香港联合交易所主板上市。金茂以"释放城市未来生命力"为己任，始终坚持高端定位和精品路线，在以品质领先为核心的"双轮两翼"战略基础上，聚焦"两驱动、两升级"的城市运营模式，致力于成为中国领先的城市运营商，位列2019年度中国房地产开发企业百强第22名。

● 开发模式：金茂采用的是差异化高溢价模式

金茂住宅产品以融合精湛工艺，高端生活品质新典范的府系，为中坚阶层打造健康宜居生活样本的悦系，打造超低密度大空间高端社区，尽享墅级品质人居的墅系三大产品线领跑中国高端住宅市场。金茂府是金茂最高端的住宅产品系，经常选择配套成熟且极具爆发潜力的核心区域，结合十二大"黑科技"，打造超越以往的高端科技住宅。

金茂物业成立于2007年，是中国金茂控股集团有限公司的全资子公司，为一级资质物业管理企业，位列2019中国物业服务百强企业第22名。

2018年度，金茂营收387.33亿元，净利润率13.45%，现金余额213.24亿元，平均融资成本4.96%，资产负债率71.19%。

金茂在品质与细节上的一如既往的"吹毛求疵"，以塔尖精神为标尺，悦于形，匠于心，被称为"地产界的高端奢侈品"。

● 城市更新实践

2013年9月，金茂首入广州，获得广州南沙项目地块；2014年9月，获得广州广钢项目。

2015年10月，金茂以16.67亿元底价竞得佛山禅城新城核心区绿岛湖地块，首次挺进佛山。

2016年5月，金茂与中电建联合体以82.9亿元摘下龙华地王，亦是两家企业进入深圳市场的首个地产项目，已于2019年11月入市，推广名为龙华金茂府。

2018年8月，金茂首入东莞，以5.56亿元竞得东莞清溪项目；2019年9月，金茂首入珠海斗门，以29.98亿元拍下湖心路综合地块。

自2013年金茂不仅聚焦环渤海、长三角高潜城市，更进击粤港澳大湾区，把握时代大势，与国家战略同行，正式进入华南市场，金茂主要通过"招拍挂"方式不断挺进珠江三角洲城市群核心城市，在广州、深圳、佛山等8个城市共布局17个项目。

【蓝光发展】

蓝光控股集团于1990年在四川成立，以"人居蓝光+生命蓝光"为双擎驱动的战略顶层设计，其中，人居蓝光以"地产金融+文化旅游+现代服务业"为核心基础产业；生命蓝光以"3D生物打印+生物医药"为创新支柱产业，旗下蓝光发展于2015年在上海证券交易所完成重组上市。蓝光位列2019年度中国房地产开发企业百强第21名，连续三年荣获"中国房地产公司品牌价值TOP10"殊荣，排名第6位，品牌价值高达155.07亿元。

● **开发模式：蓝光采用的是标准化高周转模式和差异化高溢价模式**

蓝光推出以"雍锦系""长岛系""林肯系""黑钻系""芙蓉系"五大住宅产品系，其中雍锦系产品运用醇熟，为蓝光旗下Top系产品，每一个"雍锦系"都是一个全新的城市豪宅作品。蓝光商业深耕行业28载，历经了从第一代到第四代的商业地产产品打造运营过程，成功推出金荷花国际时装城、玉林生活广场、耍都、香槟广场等城市商业地标。

蓝光嘉宝物业成立于2000年，包括物业管理服务、咨询服务、社区增值服务三大业务线，拥有"国家物业管理企业一级资质"，位于2019年中国物业服务企业综合实力百强第11位。

2018年度，蓝光营收308.21亿元，净利润率8.1%，现金余额252亿元，平均融资成本7.54%，资产负债率69.98%。

蓝光以开发速度著称，旗下COCO系产品正是将这种高周转模式发挥到极致，均是拿地即报建，拿地到开盘缩短到全行业最短的3个月。

- **城市更新实践**

2017年1月，蓝光拿下惠州红花湖片区30万 m² 项目，首次进军惠州，于2018年入市，推广名为"蓝光雍和园"；同年3月，蓝光以12.46亿元收购惠州和胜置业有限公司100%股权，拿下其旗下项目，正式命名为"蓝光雍锦世家"。

2017年10月，蓝光携手广东通大旭日集团首进广州，拿下南沙项目，楼盘前身为"通大旭日园"，后来蓝光发展接手了该项目，改名为南沙·蓝光林肯公园。

蓝光发展于2018年6月成立深圳蓝光和骏投资有限公司，坐落在"中国最牛街道"——南山区粤海街道。2018年8月，蓝光以17.59亿元竞得茂名高州5宗土地，15天后又竞得2宗地块，总面积达188亩。

2019年3月，蓝光首入佛山，以3.3亿元竞得顺德2.47万 m² 商住地。2019年8月，蓝光发展以3970万元地价竞得惠州一宗住宅用地，该地块属江北22号小区JB22-01地块"三旧"改造项目用地中的一部分，须与相邻改造项目地块统一规划、统一设计、统一建设。

自2016年起，蓝光年报规划中首次出现华南区域城市，近年来，蓝光开始布局粤港澳大湾区，多元化拿地迅速，截至2018年底，蓝光发展华南区域待开发土地面积达90.2万 m²。

绿城中国控股有限公司于1995年1月在浙江杭州成立，以房地产开发为主营业务，具有国家一级开发资质，2006年7月，绿城中国在香港联交所整体上市。经过十多年的发展，综合实力连续多年在浙江省房地产行业排名第一，位列2019年度中国房地产开发企业百强第9名。

● 开发模式：绿城采用的是差异化高溢价模式

绿城为国内公认的别墅营造专家，四大别墅产品系列有：欧式别墅系列，强调私密感与领域感，代表作品为九溪玫瑰园；中式别墅系列，传承了中国传统居住情结的场所精神，代表作品为杭州桃花源；法式合院系列，传承了中国传统含蓄、私密的居住模式，代表作品为苏州玫瑰园；法式排屋系列，打造法国古典主义特色，代表作品为湖州御园，其都鲜明体现"绿城特质"的特点。

绿城物业为国家一级物业管理资质企业，2016年绿城服务集团有限公司在香港交易所主板正式挂牌上市交易。目前物业服务覆盖137座城市，项目超2000个，位列2019年中国物业服务百强企业名单的第2名。

2018年度，绿城营收603.03亿元，净利润率3.94%，现金余额482.2亿元，平均融资成本5.4%，资产负债率78.51%。

绿城曾是中国地产企业的另类，以注重品质驰名江湖，人称中国地产界的"苹果"。

● 城市更新实践

2016年，绿城在佛山禅城奇槎国际住区核心地段拿下了首地，将奇槎地块打造出了（绿城·桂语兰庭）。绿城便正式开启了在华南、特别是粤港澳大湾区的战略布局。

2018年，绿城进入深圳坂田光雅园城中村旧改项目，目前还处于城市更新意愿征集阶段，有望成为在深圳首个项目。

2019年，绿城进入广州，将于粤港澳大湾区核心位置（南沙自贸区的灵山岛尖），全力打造首个广州作品。

截至2019年中旬，绿城集团共有土地储备项目125个（包括在建及待建），总建筑面积约3412万 m^2。目前，绿城在佛山、广州、粤港澳大湾区等地获取6个项目，总建面近120万 m^2。

【敏捷集团】

敏捷集团成立于1993年，自1998年起进入房地产开发领域，历经21年稳健发展，现已成为一家涵盖民生住宅建设、城市更新、生活服务、酒店及商业运营、物业租赁、文旅开发、优质教育等多元化业务的全国知名综合性企业集团，位列2019年度中国房地产开发企业百强第35名。

● 开发模式：敏捷地产采用的是标准化高周转模式

敏捷地产的四大产品系列，即城市精品住宅系列、CBD商业系列、城市综合体系列、文旅度假区系列，打造"锦绣"品牌和"敏捷"品牌系列的近100个精品项目，涵盖了从别墅、中高端洋房、写字楼、LOFT三栖产品以及商铺、独栋式生态办公写字楼等丰富而全面的产品形态。

广州敏捷新生活物业管理有限公司拥有国家物业服务企业一级资质，并连续两年获得中国物业服务百强企业、中国特色物业服务领先企业——星服务等荣誉，位列2019年中国物业服务百强企业名单的第25名。

敏捷地产自2008年起连续八年蝉联"广东地产资信20强"，旗下众多楼盘获得"消费者最喜爱的楼盘"，被誉为"金牌名盘"。

● 城市更新实践

敏捷集团至今为止暂未进军深圳。但早已在广东省布局广泛，广州、中山等15个城市拥有近90个项目。

截至2018年底，敏捷集团在粤港澳大湾区城市群拥有土储总建筑面积1056.8万 m²，稳居2018年粤港澳大湾区房地产企业土储建面排名前十，土储货值达1717.8亿元，位列第14名。

【深业集团】

深业集团是深圳市人民政府全资拥有，深圳市国资委直管的大型综合性企业集团。集团前身深业（集团）有限公司于1983年9月在香港注册成立，作为深圳市政府派驻香港的代表机构和对外活动的经济实体。集团以房地产和基础设施、物流运输为主业，同时涉足金融、现代农业、高科技制造等领域。深圳控股有限公司是深业集团的核心企业，于1997年在香港联合交易所上市。位列2019年度中国房地产开发企业五百强第113名。

● **开发模式：深业主要采用的是标准化高周转模式**

深业产品主要分为深业柠盟、深业有居、深业上居及深业颐居四大长租公寓系列，覆盖中端、中高端、高端各个社会阶层。产品功能定位：深业柠盟强调年轻、共享、汇聚；深业有居强调青年、个性和品质；深业上居强调精英、品味、居家；深业颐居强调适老、颐养、尊重。凭借聚焦"双城六区"的核心区位优势，着力打造"一生四居"的全生命周期产品线。

2017年深业联手福田区政府共同打造水围村改造项目（深业柠盟公寓），这也是深圳首个城中村改造的人才公寓。

2017年深业有居系列打造代表项目（沙河金三角公寓），项目位于南山区深南大道。

2018年深业上居系列打造典型项目（深业中城），由住宅、办公、公寓、商业和酒店组成的高端城市公园综合体。

2017年深业颐居系列打造（深业生命健康中心）项目和2012年白石洲首批旧改项目（深业世纪山谷），目前（深业生命健康中心）为该产品线的代表项目。

深业集团（深圳）物业管理有限公司成立于1990年，国家一级物业管理资质，是国际领先的品牌物业运营商，位列2019年中国物业服务百强企业名单的第八十一名。

2018年度，深业营收175.7亿元，净利润率21.27%，现金余额432亿元，平均融资成本约4.80%，资产负债率64.02%。

2010年赛格日立旧工业区升级改造项目（深圳上城）是深圳市第一批"工改工"12个试点项目之一，将把原来高能耗、高污染产业升级更新为高增值的总部经济产业园区，为深圳市的城市更新树立典范。

深业集团拥有国内规模、影响力、单位盈利等各项指标均排名前列的产业园区，被誉为"产业园区运营平台标杆"。

● **城市更新实践**

2010年鹤塘小区—沙河商城改造，申报主体为深圳市沙河实业有限公司。2012年白石洲沙河东区的城市更新项目（深业世纪山谷），2015年获批专项规划。2016年4月一期实施主体公示，为深业沙河世纪山谷投资有限公司。2014年深业金三角大厦城市更新单元项目由深业沙河有限公司持有，目前商业仍在运营中。

2006年（深业东岭）项目，黄贝岭靖轩股份公司与新旺公司达成了框架协议。后于2011年3月，深业集团在香港完成了黄贝岭旧村旧改项目公司的股权收购，自此正式介入黄贝岭旧村改造项目。

2015年深业集团笋岗清水河旧改项目开动（深业泰富广场），2016年6月由深业泰富物流集团负责建设。

2010年罗湖清水河城市更新项目（深圳车城）被纳入计划中，实施主体为深业泰富物流集团股份有限公司，将建成国际汽车物流产业园。

2011年车公庙泰然工业区（深业立城）项目，2015年荣获"最佳城市更新项目金奖"。

2017年八卦岭上林苑城市更新单元项目，由深业鹏基（集团）有限公司申报立项，未来将改造建设为以商业、办公和商务公寓为主的活力社区。

深业集团成功推进了深业上城、深业泰富广场、深业中城、深业东岭、深业U中心等一大批为市民所熟知的城市更新精品项目，为深圳城市更新增添"新样板"，成为深圳城市更新的典范。

截至2018年底，深业集团土地储备近1300多万 m^2。未来，深业集团将继续立足深圳，聚焦粤港澳大湾区及核心一二线城市，实现"城市空间价值塑造引领者"的企业愿景。

【时代中国】

时代中国控股有限公司成立于1999年，2018年由"时代地产"更名为"时代中国"，确立了城市发展服务商的新定位，业务主要覆盖住宅开发、城市更新、产业运营、商业运营、社区服务、家具家装、未来教育等领域。2013年时代中国控股有限公司在香港联合交易所上市，位列2019年度中国房地产开发企业百强第34名。

● **开发模式：时代中国采用的是差异化高溢价和标准化高周转模式并行**

时代中国打造"3+3+3"产品体系。户型产品系列有成长型、成熟型以及成功型，以满足不同家庭对空间尺度和功能的需求；社区风格系列有都市浪漫住区、国际时尚都会、精工人文美宅，满足消费者更多元的审美情趣和精神需求；在每种社区风格里面，针对不同客群的支付力设定三种产品档次，即T1、T2、T3，通过功能、品牌和美学的提升来体现档次差异。

时代中国物业成立于1998年，为国家一级物业管理资质企业。物业重点覆盖国内一二线城市，服务业态涉及商业综合体、住宅组团、甲级写字楼、高端别墅、高端住宅、安居房等，位列2019年中国物业服务百强企业名单的第13名。

2019年度，时代中国营收424.3亿元，净利润率13.1%，现金余额292.79亿元，平均融资成本7.5%，资产负债率67.17%。

时代中国更多地注重住宅开发，预计5年内投资9000亿元建设30个"未来小镇"项目，被外界誉为"地王专业户"。

● **城市更新实践**

早在2016年，时代中国在深圳就已经有项目，2017年又在深圳龙华区收购一项目，以及在光明区有一个城市更新项目在推进；深圳还有5个项目在持续推进中。

2019年时代中国以46亿元投资预算金额中标，拿下广州从化区江埔街禾仓村城市更新项目，将成为广州从化区首个旧改项目。

2018年成功转化4个城市更新项目，总货值近145亿元。又购入23幅地块，建筑面积约320万m²，其中大部分位于粤港澳大湾区。

2019年时代中国成功转化10个城市更新项目，总建筑面积约368万m²，其中8个转化为新的土储，总建筑面积约349万m²，占2019年新增土储面积约46%。

截至2019年底，时代中国在广州、深圳、佛山、东莞、珠海、惠州、中山、江门、清远、肇庆、长沙以及成都12个城市，拥有土储约2300万m²，城市更新项目总数超120个，预计潜在总建面约4300万m²，这些土储、城市更新项目大部分位于粤港澳大湾区。预计41个项目将于2021年前完成改造，总建筑面积达1076万m²。

【世茂集团】

世茂集团成立于1989年，以多元业务战略布局海内外，涵盖地产、酒店、商业、主题乐园、物管、金融、教育、农牧业、健康、高科技等领域，形成了多元化业务并举的"可持续发展生态圈"。2006年，世茂房地产于香港联交所主板上市。2009年，世茂股份成为世茂房地产控股子公司，世茂成为在境内证券交易所A股和香港联合交易所分别上市的双上市公司，位列2019年度中国房地产开发企业百强第15名。

● 开发模式：世茂采用的是差异化高溢价模式和标准化高周转模式并行

世茂五大住宅产品系，分别为云系、璀璨系、天誉系、国风系、龙胤系。云系是"刚需"类产品，璀璨系是"改善"类产品，天誉系为高端公寓产品，国风系为高端中式低密度产品，龙胤系则作为顶豪产品。世茂商业四大产品线：世茂52+、世茂广场、世茂国际中心、世茂摩天城。分别定位：社区/写字楼配套商业、城市区域型商业、大型文旅综合体、大型高端综合体。

世茂物业为国家一级物业管理资质企业，位列2019年中国物业服务百强企业名单的第17名。物业管理项目超100个，世茂物业拥有隶属国际"金钥匙"联盟的全资物业管理公司。

2018年度，世茂营收855.13亿元，净利润率14.6%，现金余额495.8亿元，平均融资成本5.8%，资产负债率59.4%。

世茂地产主攻高端豪宅产品，许荣茂也获得了"豪宅教父"的称号。

● 城市更新实践

2013年11月，前海世茂投资有限公司拿下前海商办地块（世茂·前海中心），目前为前海第一高楼，世茂因此完成了深圳首个项目，标志着世茂进军深圳地产。

2017年12月，世茂通过招拍挂方式拿下G01046-0095地块，进入深圳东部中心，为龙岗大运城打造规划高度约668m的城市综合体（深港国际中心），有望超过深圳第一高楼平安金融中心。

2018年1月,坪山中心区出让一宗摩天地标地,最终由世茂以底价18.73亿元竞得,作为坪山未来地标,建筑高度不低于300m,项目名为世茂粤湾壹号。

2019年世茂收购粤泰集团旗下横岗四联贤合村旧改项目,有望3年之内完成,将成为世茂在深圳首个旧改项目。

截至2018年底,世茂土地储备遍布87个城市264个项目,土地签约5538万m²。土地储备货值超9000亿元,其中粤港澳大湾区的土储货值达2000亿元。

【万达集团】

大连万达商业地产股份有限公司创立于2002年,业务主要覆盖房地产开发及销售、商业服务设施(包括写字楼、公寓、商场和酒店)的投资及管理、物业管理等领域。2018年公司更名为大连万达商业管理集团股份有限公司,2014年12月万达商业地产在香港联合交易所上市,位列2019年度中国房地产开发企业百强第31名。

- **开发模式:万达采用是标准化高周转开发模式**

万达商业推出万达广场和高级酒店产品系列,其主力产品万达广场推出了四代产品线。第一、第二两代产业线"商业大盒子",以单体商业楼为主,定位于纯商业,以失败告终;第三代产品"城市商业综合体"强调自身引力,以体验式消费为主;第四代产品"万达茂"其特色是特大规模,高比例的文旅体验。

万达物业管理有限公司成立于1994年,2016年8月,万达集团以20.13亿元的价格将旗下万达物业公司售予花样年控股,改名为万象美物业管理有限公司。业务涵盖商务物业、文旅、高端社区等多业态,为国家物业管理一级资质企业，位于2019中国物业服务百强企业第14名。

2018年度，万达商业营收1065.49亿元，净利润率29.84%，现金余额773.53亿元，资产负债率57.59%，净资产负债率72.65%。

万达商业更多地注重商业地产开发与管理，到2019年底，累计开业323座万达广场，被外界誉为"商业霸主"。

● 城市更新实践

2003年1月，万达在长春重庆路开出全国第一座万达广场，标志着万达商业地产的兴起。

2012年东莞东城主山片区的"三旧"改造地块正式出让，万达最终以14亿元拿下该幅超12万 m^2 的商住商服地块，来拟建万达广场，是万达集团首个旧改项目。

自2006年上海第一座万达广场——五角场万达广场建成开业以来，上海已开业的万达广场已达到7座。2018年万达商业和泰富中投宣布合作，打造中信泰富万达广场，这是万达在上海的首个轻资产输出项目，也是2018年万达集团在全国范围内打造的8大创新项目之一。

2014年福城集团城市更新项目（翻身工业区）拆迁完毕，由深圳市百年春投资发展有限公司投资开发，推广名为福城·前海新纪元（嘉洲商务中心），2019年8月福城集团和万达集团达成协议将联袂打造深圳首家万达广场，定名福城·万达广场，届时将成为万达集团在深圳第一个开业的城市更新项目。

万达广场最青睐布局于东部城市，全国万达广场主要集中在中东经济发达城市，如长三角经济区、珠三角经济区、环渤海经济区和海西经济带等。如今，万达广场从一二线城市渐渐转向三四线城市，占比60%左右。

截至2018年底，万达商业拥有及运营管理已开业的万达广场280个，万达已在全国30个省、市、区的188座城市开业万达广场，截至2019年底，累计开业323座万达广场。

【星河控股】

星河控股成立于1988年，旗下现有地产、金融、产业、商置、物业五大业务集团，业务涉及地产开发、城市更新、商业运营、酒店管理、物业服务、金融投资、产业运营等多元领域，已成为国内大型综合性投资集团，位列2019年度中国房地产开发企业百强第57名。

● 开发模式：星河采用的是标准化高周转模式

房地产综合开发是星河集团产业发展的基石，星河地产不断涌现大型生态别墅社区、城市更新社区、新都会综合体、产业综合社区等诸多创新精品。目前，星河已经形成了资源系、城心系、精品系、总部系四大精品产品线，成功树立星河丹堤、星河国际、星河盛世等多个有影响力的住宅项目品牌。

星河商置是星河集团多元化发展的一支独特生力军，已经形成了极富星河特色的商业地产经营模式，培育了一系列著名的商业地产品牌——星河COCO Park、星河COCO City、星河第三空间等，在深圳中心区CBD确立了星河高端品牌整体方阵。

星河物业为国家一级物业管理资质企业，位列2019年中国物业服务百强企业名单的第57名。物业管理项目逾50个，星河自身开发物业全数自行管理，同时积极拓展外部管理服务。

2018年，星河控股销售额275亿元，销售面积161万 m^2。星河从2005年开始涉足商业地产领域，是国内较早进入商业地产领域的开发商之一，从国内情景式休闲购物中心到国际高端家居购物中心，形成了极具星河特色的商业地产经营模式，是中国商业地产的领跑者。

● 城市更新实践

1988年星河在深圳起家，前身是深圳市怡和企业公司；1995年先后开发了怡和山庄、祥和花园等多个项目，走上房地产专业发展之路。

2004年星河控股集团开始涉足更新项目，成了国内最早涉足该行业的公司之一。

2007年星河接手了鹏基集团雅宝工业城城市更新项目，于2010年开工建设，原规划为星河雅宝创新产业园，于2014年入市，为总建面160万 m² 的星河World。

2014年5月，星河以17.82亿元收购星顺房地产金达工业区城市更新项目，是星河地产进军深圳西部的首个项目，于2017年入市，推广名为"星河荣御"。

2018年4月，星河首个光明区项目——大丰安片区城市更新项目正式动工，将打造45万 m² 综合体，命名为星河天地。

目前星河在深圳及周边区域运作项目达50多个，已有30个项目成功推向市场，累计更新改造面积近千万平方米。

【旭辉集团】

旭辉集团2000年成立于上海，其控股股东旭辉控股（集团）于2012年在香港主板整体上市，是一家以房地产开发为主营业务，定位于"美好生活服务商、城市综合运营商"的综合性大型企业集团。旭辉集团业务遍布中国内地80个大城市及中国香港、日本、澳大利亚，累计开发项目逾470个，服务超30万户业主，位列2020年度中国房地产百强企业第15名。

● 开发模式：旭辉采用的是差异化高溢价和标准化高周转模式并行

旭辉住宅拥有铂悦系、府系、赋系、江山系、公元系、城系六大产品系，其中铂悦系为旭辉TOP产品，甄选稀缺优质的土地资源，拥有每一块土地的特色文化。旭辉领寓是作为旭辉房地产＋创新业务板块，致力于构建全球领先的租房生活服务平台和资产管理平台，设立柚米寓、博乐诗服务公寓及菁社三条产品线，目前已在深圳八卦岭、清湖等区域布局了4家长租公寓。

2002年旭辉集团正式成立物业公司，命名为永升物业；2018年12月在香港主板上市，是一家拥有一级资质、享有良好声誉且快速成长的物业管理服务商，连续多年获评中国物业管理服务百强企业；2019年荣列中国物业服务百强企业第14位。

2019年度，旭辉营收547.66亿元，净利润率12.6%，现金余额576亿元，平均融资成本6%，资产负债率68.5%。

自上市后旭辉实现了快速、稳健、均衡的发展，成长为中国房企的"优等生"，2020年更是跻身全国房地产TOP15，被誉为"地产界黑马"。

● **城市更新实践**

自2015年以来，旭辉一直在寻找机会进入珠三角，并将核心城市广州列为首要拿地目标，2016年，旭辉后期参股合作保利所拍得一宗小幅地块，于2018年入市，备案名为旭辉保利花海湾。

2016年7月，旭辉地产收购佛山华祥及汇金两家公司全部股本权益，开发佛山住宅和商业项目，首次进驻佛山。

2017年12月，旭辉地产以楼面价10207元/m²拿下了东莞石排地王，标志着旭辉首次进入莞深区域。

2019年4月，旭辉将与美的置业合作首进惠州，以4.7亿元拿下博罗石湾新城商住地。2019年11月，旭辉与花样年首次合作拿下深圳坪山江山项目，亦是旭辉首进深圳之作，此外旭辉亦在龙岗大运有一个项目，目前在深圳拥有两个项目。

截至2019年底，旭辉已在广、深、莞成立旧改公司，且在2018年与广州6个村签订旧改协议，在3年时间内，旭辉布局大湾区8座城市，包含旧改在内的土储总建面达600万m²。

【阳光城控股】

阳光城集团股份有限公司是阳光城控股投资的以房地产开发为主营业务的上市企业，1995年创始于福州。它是一家业务涵盖房地产开发、物业管理、商业运营的全国化品牌地产开发集团。1996年阳光城集团股份有限公司在深圳证券交易所主板上市，位列2019年度中国房地产开发企业百强第14名。

● **开发模式：阳光城采用的是标准化高周转开发模式**

阳光城产品线逐步形成两大品类、七条产品线，即住宅类的"城市豪宅、浪漫城邦、时尚公寓、生态别墅"四大系列和商业类的"商务办公、商业综合体、星级酒店"三大系列，全方位、大范围涵盖了城市地产发展的各种生活、办公、娱乐需求。

阳光城物业成立于2001年，为国家一级物业管理资质企业。物业覆盖国内十几个大中城市，服务业态涉及别墅、住宅、商业、办公等多种类型，位列2019年中国物业服务百强企业名单的第22名。

2018年度，阳光城营收564.7亿元，净利润率6.9%，融资余额1145.47亿元，平均融资成本7.49%，资产负债率84.4%。

阳光城的高管团队中，执行董事长兼总裁朱荣斌与吴建斌都曾在碧桂园担任数年的高管，阳光城被外界贴上"小碧桂园"标签。

城市更新实践

2016年，联城工业厂房城市更新单元公示确认阳光城集团为实施主体，该项目于2018年正式入市，推广名为阳光城·天悦，是阳光城集团在深圳首发项目，标志着阳光城正式进入深圳。

2018年7月，阳光城宣布成功获取西乡塘区秀灵路北112.5亩旧改项目，将以合作形式开发，打造进驻城西的第一个项目。

2019年，罗湖莲塘工改商住项目已计划立项，申报主体为天安地产投资发展（深圳）有限公司，阳光城集团占天安中国房地产50%的股权。

截至2018年，阳光城集团在粤港澳大湾区共有土地储备约624.7万 m²，总货值约1143.1亿元。2019年阳光城与佳兆业拟签署战略合作框架协议，阳光城拟总投资45亿元推进在粤港澳大湾区及周边区域房地产开发领域范围内的合作。未来，阳光城将在粤港澳大湾区及其周边区域深耕。

【招商蛇口】

招商蛇口创立于1979年，聚合了原招商地产和蛇口工业区两大平台的独特优势，以"中国领先的城市和园区综合开发运营服务商"为战略定位，聚焦园区开发与运营、社区开发与运营、邮轮产业建设与运营三大业务板块，于2015年12月在深圳主板上市。招商蛇口位列2019年度中国房地产开发企业百强第13名，总资产规模超过5024亿元，业务覆盖全球超65个城市和地区，开发精品项目超450个。

● 开发模式：招商蛇口采用的是差异化高溢价模式和标准化高周转模式并行

招商蛇口品质住宅建立了成熟三大产品系，分别是面向刚需住房的"成长系"、面向改善住房的"成就系"、面向豪宅家庭的"传承系"，其中成就系提出三大独立主张，即性能、体验、生活需求的升级，全方位的生活考虑和深度的生活细节，承载和容纳业主更多维度的生活需求。招商蛇口应对存量时代的战略业务，还推出"壹栈"青年白领公寓、"壹间"精品公寓和"壹棠"服务式公寓三条长租公寓产品线。

招商蛇口致力于打造全生态的三大商业品牌，包括城市大型综合体"海上世界"、区域商业中心"花园城"及艺术商业品牌"汇港"，其中，花园城系列商业产品，涵盖区域购物中心"花园城"、社区生活中心"花园里"及特色商业街区"花园坊"。

招商物业运营管理总部位于深圳，是国内最早以产权为纽带、以资产管理为核心的规模化、品牌化和集团化物业服务企业，业务遍布全国40多个城市，在管物业逾500个。

2018年度，招商蛇口营收882.78亿元，净利润率17.3%，现金余额573.28亿元，平均融资成本4.85%，资产负债率74.28%。

招商地产因倡导"社区综合开发模式""绿色地产开发理念""全程服务体系"，被誉为中国地产界"城市运营""可持续发展"最早的实践者。

● 城市更新实践

1979年，招商在深圳建市之年就对我国第一个外向型经济开发区——蛇口工业区进行开发建设。

2011年，招商地产拿下大鹏新区葵涌街道溪涌片区城市更新单元计划，拟投资270亿元在深圳东部沿海打造集健康旅游、商业、住宅、购物、娱乐于一体的"东部海上世界"。同年，招商还拿下龙岗区布吉三联社区旧改项目，已于2019年9月确认招商地产为该项目一期的实施主体。

2014年12月，招商地产与中外运长航实业发展有限公司举行战略合作签约仪式，将开发罗湖笋岗中外运长航物流中心城市更新项目，打造50万 m^2 金融总部综合体，推广名为"招商中环"。

2015年底，招商地产完成70%股份收购大鹏新区葵涌市场改造项目，推广名为"招商东岸"，该项目已于2017年封顶。

截至2018年底，招商蛇口已在粤港澳大湾区的9个城市布局，其中大部分资源集中在深圳，包括从前海蛇口自贸区内的蛇口海上世界起沿南海边一路往西，太子湾片区、前海妈湾片区到宝安空港新城的深圳国际会展中心片区，公司近千万平方米资源正在有序规划、开发及建设。

2

城市更新运作现状及评价

2.1 房地产开发行业现状与分析

（1）城市更新给房地产开发行业带来的变化

城市更新将会给房地产行业带来巨大的变化。城市更新房地产开发不仅是土地协议出让方式的变化，也不仅是拆迁方式的变化，城市更新主要从如下几个方面深刻影响房地产开发行业：

①城市更新意味着土地供应方式的巨大变化

在传统的土地供应方式中，政府通过征收土地，然后再通过"招拍挂"的方式向开发商供应。通过这一过程，政府和开发商合作，完成了财富从土地原使用权人，特别是农民手中向政府和开发商手中的转移，同时，这一供应方式所造成的土地资源紧张成为推高房价的最重要的推手。而城市更新土地供应方式中，开发商以协议出让的形式，通过直接在原业主手中以收购或拆赔的方式来获取土地的。土地供应方式实际上实现了从政府的一元供应向集体股份公司、旧住宅区业主、旧工厂业主等的多元供应方向的转变，并实现了增量土地供应为主向存量土地供应为主方式的转变。且随着中国土地改革的推进，这一趋势将会日益增强。

②城市更新将促使房地产开发模式从单轨制向多轨制转变

1998年的"房改"，将具有民生性质的住房问题交给了由开发商主导的商品房市场。开发商的天然逐利性，决定了他们只会开发利润高的房产，这成为高房价的一个重要原因。于是，各个地方开始大力加强保障房建设，部分地区保障房的供应比例甚至达到了50%。住房供应体系从单轨制开始向双轨制转变。增量土地上的合作建房经过前几年第一轮的探索，目前在北京又开始进行第二轮的尝试，并在河南许昌出现了成功的合作建房的案例。而深圳的城市更新，赋予了原土地使用权人土地供应方的角色，必将引领存量土地上合作建房模式的出现。于是，一个多轨制开发模式开始出现。

开发模式的转变，必将导致传统清一色模式的房地产开发商的角色发生转变，部分资本运作能力强的开发商可能会转变为房地产金融服务商，部分房地产项目运作管理能力强的开发商可能向房地产整合服务商或代建商的角色转变，部分成本控制能力强的开发商可能向房地产制造商转变。

③城市更新将影响房地产的销售模式向纵向一体化和订单化方向发展

城市更新房地产开发与在净地上开发房地产的最大区别是原有土地上有大量的原居民。由于城市更新房地产开发的位置大部分在比较成熟的地区，且随着国家相关政策越来越保护被拆迁人的权益，原居民作为开发地块的现有权属人，越来越多地要求回迁安置而不是货币补偿。现有安置方式是在开发地块上单独划出一块地进行开发建设，进行单独的规划设计和施工建设，由于在这一过程中缺少被拆迁人的参与，安置房往往受到被拆迁人的抵触，并被认为是劣质的代名词。安置房实际上是一种定向销售房源，目前开发商对安置房往往从节约成本的角度去考虑问题，从而造成被拆迁人对安置房的极大不信任，这也成为众多城市更新项目推进困难的原因之一。

目前，在业界已经开始如何思考将后期的物业销售和前期的拆迁谈判结合起来进行，并将原业主对建造过程的关心变为有组织地对建造过程的监控，通过纵向一体化的操作，不但实现前期收购和后期销售的相互促进，让原先处于对立面的被拆迁人成为未来物业销售的一个个活广告。与原先单纯从节约成本、降低价值的做法刚好相反，通过对安置房进行价值分析，通过适当提高成本而极大提高安置房的价值，并把安置房放在整个开发项目内去考虑。由于安置房是一种定向销售，先天具备了订单式地产的消费者群体，开发商考虑采用订单式地产的思路，梳理、整合被拆迁人的需求，并把合理需求融入房地产开发的规划和设计中，并以被拆迁人作为订单式地产消费者群体的引子，最终实现整个项目的全部或部分进行订单式地产开发成为可能。

④城市更新将带来房企排名的重新洗牌

过去的10年是房地产开发企业的黄金十年，房企进入全国前十的门槛也越来越高。表2-1是2019年房企销售金额TOP10名单。

2019年度房企销售金额TOP10　　　　　　　　　　表2-1

排名	企业名称	销售金额（亿元）	销售面积（万m²）
1	碧桂园	7715	8137
2	万科地产	6312	4046
3	中国恒大	6262	6071
4	融创中国	5556	3839
5	保利发展	4698	3164
6	绿地控股	3880	3420
7	中海地产	3387	1794
8	新城控股	2748	2437
9	世茂房地产	2608	1471
10	华润置地	2425	1367

从名单中可以看出，全国前十强房企基本上都是和大盘开发模式联结在一起的。通过在城乡结合部拿取动辄上千亩的土地，进行大盘和超级大盘的开发，从而实现了跳跃式发展。中国的大盘开发模式起始于20世纪末广州的华南板块，经历了21世纪前十几年的高速发展，终于造就了碧桂园、万科、恒大等众多的龙头房企。但城郊大盘摊大饼式的开发模式带来的问题陆续开始显现，比如土地资源的紧张、环境恶化、囤地、拆迁所带来的社会问题等。特别是大盘开发模式对土地资源的极大浪费，已经使城市化率高的地区陷入了土地资源枯竭的地步。图2-1是世界几个典型地区的国土开发强度对比图。

从图2-1中可以看出，相比日本三大都市圈，深圳已经把可以开发的地方几乎开发完毕，未来大盘开发现象将逐渐减少。大盘开发历程和走势预测如图2-2所示。

存量土地开发即城市更新项目，将成为未来重要的一种房地产开发模式。但其独特的土地供应模式及随之带来的完全不同的运作模式，对所有的房企来说都是全新的。原先的在"招拍挂"拿地方式中做得好的房企，反倒是受到过去经验

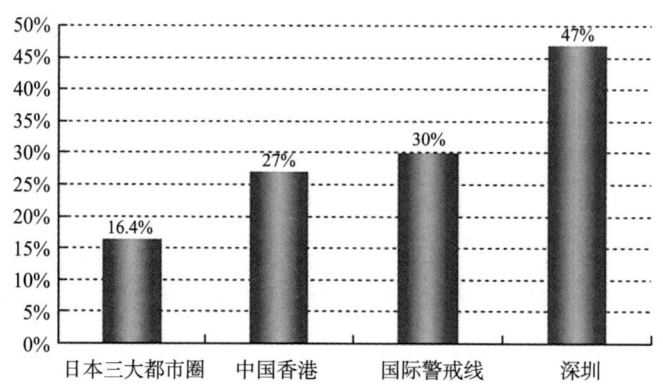

图2-1　国内外典型地区国土开发强度对比图

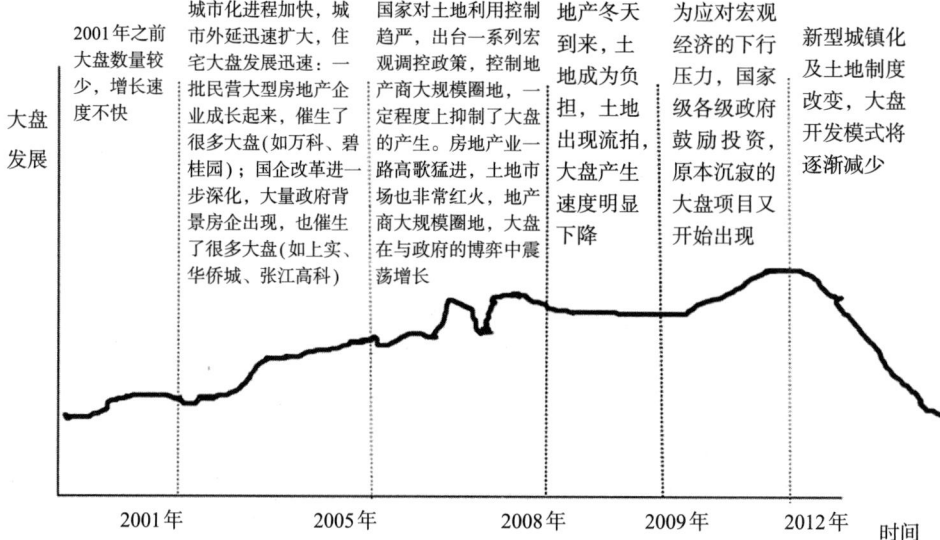

图2-2　房地产大盘发展历程及走势预测

的羁绊也越多。在新的机会和新的挑战面前，谁最先悟到城市更新项目运作的真谛，谁就会在即将到来的城市更新大潮中拔得头筹。

（2）目前城市更新房地产开发运作方面存在的问题

毫无疑问，房企们也看到了这种趋势，众多房企近两年纷纷在旧改里跑马圈地，前十强企业更是不甘示弱，开始通过各种方式切入旧改领域。例如，恒大通过兼并深圳建设集团，进入了深圳碧波花园小区的旧改项目，保利地产获得了广州冼村旧改项目，富力地产获得了广州杨箕村旧改项目，万科收购金晖地产和恒豪公司，分别进入了深圳南苑新村和南园新村的旧改，更有预言，万科将把集团总部搬入福田区，未来希望在福田区的城市更新项目获取中获得政府的支持。无论以何种方式介入旧改，确定原土地使用权人中的大业主，确定旧改项目当地的政府依然是房地产企业排在第一位考虑的问题。

但遗憾的是，随着中国法治化进程的向前推进，随着国家在商业性拆迁项目中对强拆方式的取消，原土地使用权人中的小业主不再是能够随便被忽视的一个群体。在旧改项目的否决权上，原土地使用权人中的小业主和大业主具有了同等的地位。但出于对权力的迷恋和对中国式关系运作的自信，依然让大部分房企们在旧改项目中认为搞定大业主和政府就行了，小业主利益考虑不足。但恰恰是这些的小业主，使众多房企们的旧改项目进入了进退维谷的困境。

就房企的运作方面的问题来讲，主要表现在以下五个方面：

①城市更新战略和策略

虽然众多房企意识到了城市更新所带来的变化，但目前真正把城市更新纳入未来战略规划并付诸实践的并不多。也未在城市更新战略研究方面投入大的资金和精力。在城市更新领域，如何进行企业形象的包装和塑造，如何设计好的城市更新取地策略，如何实现城市更新环境下存量土地的储备策略等方面的思路目前都尚不是太清晰。

②城市更新项目的进入

目前房企进入城市更新项目的方式主要有政府的招商引资、大业主的合作引进、集体股份公司的引进。从现行的引进方式上可以看出，引进过程基本上未有小业主的参与和意见表达，这就为后期小业主对引入准实施主体的抵制埋下了伏笔。

另一方面，现在房企在进入一个项目前进行的可行性评估，基本上仅是站在自己立场上对项目的经济可行性进行评估，未对未来的拆迁风险进行一个充分的预测。在进入之前，也未对原业主的城市更新意愿进行充分的、真实的调研，这些都为项目未来运作埋下了风险。

③城市更新项目前期工作推动的组织架构

目前，大部分的开发商在运作城市更新项目时，都是按照传统的思路设立项目部，按传统方式进行项目部办公室的布置、人员的配置等。并按照常规的自上而下的方式来推动项目的运作。但城市更新是一个涉及政府、开发商、原居民等众多相关利益方的一个利益整合过程，不是简单的开发商的一个收购过程。因此，不但要重新考虑开发商内部如何搭建推动架构，还要考虑如何将政府角色、原业主角色、第三服务机构、公益组织等整合到推动组织架构里来，从而实现建立在多方合作伙伴关系上的推动架构。

④城市更新的意愿整合和利益博弈

城市更新前期运作的核心和难点是"拆迁"，拆迁的实质是博弈，在城市更新中存在两条线的沟通：开发商与原业主的沟通，开发商与政府的沟通。目前，国家层面尚无对城市更新有正式的立法规范。因此，在博弈的价格基准、博弈的平台、博弈的秩序方面都缺少规范，导致目前的博弈处于无序状态，在陷入博弈僵局时无有效的破解手段。这是目前多个城市更新项目陷入僵局的原因。就开发商来说，尚未意识到城市更新前期运作中博弈的重要性，在博弈价格基准（俗称拆迁补偿标准）建立、出价应价策略、城市更新房地产权利价值评估、城市更新房地产开发权价值评估等方面都缺少深入的思考，从而在目前的社会和法律环境下，在目前的城市更新前期运作沟通中，反倒处于一种不利地位。

⑤城市更新项目的转让和退出

城市更新项目的运作一般情况下运作周期为5～8年，稍微延误，就很容易达到10年以上。《深圳市城市更新办法》（深圳市人民政府令第211号）颁布后，众多房企在城市更新领域里跑马圈地。有相当多的小型开发商不是冲着开发，而是冲着圈定所谓的开发权。但在目前的政策法规环境下，城市更新项目的转让与退出处于不规范状态，是无序的。由于看到众多的城市更新项目推动困难，目前大开发商对接受城市更新项目处于谨慎状态。原先进入的开发商不能实现有序退出，这是目前城市更新推动困难的原因之一。且在城市更新博弈中，博弈的一方不能实现有效退出，也就是在博弈中不具有说"不"的权利，这也是造成目前城市更新产生众多"钉子户"的原因之一。

2.2 咨询服务业现状与分析

从广义上来说，城市更新咨询服务业包括了城市更新运作流程上为城市更新提供技术和信息服务的所有咨询服务业，如传统的房地产策划、勘察测绘、规划设计、房地产评估及经纪、房地产法律服务、广告文化等，甚至城市更新投融资、城市更新房地产开发都可划到服务业的范畴。但对我们的研究来说，本次重点研究这些咨询服务业在城市更新运作中产生了什么新的变化，故仅对规划设计、房地产评估、法律服务三个领域进行阐述。

（1）规划设计行业

城市更新对规划设计行业的影响在深圳来说，最明显的是催生了"城市更新单元规划"这一新的业务种类。但城市更新对规划设计行业更实际的影响是对规划设计操作思路的影响。传统的城市规划是自上而下的控制性规划，对于规划师来说是白纸上作画的单纯的技术活。这种规划方式更多地适合于拓展新城的规划设计。但对于存在众多业权的旧城来说，传统的规划从体系到方式都受到了极大的挑战。

目前，城市更新单元规划成了各方利益博弈的一个焦点。它不但是开发商和政府博弈的一个平台，也正日益成为开发商和原业主博弈的一个平台。在以开发商为实施主体的城市更新项目中，开发商可能非常重视利用此平台与政府进行博弈，但往往忽略了此平台在开发商和原业主博弈中的作用，从而导致了要么城市更新单元规划面临多次甚至无休止的修改的局面，要么直接导致城市更新单元规划无法落地的局面。

在城市更新推进过程中有这样一个悖论：开发商在与原业主进行拆迁赔偿谈判时，经过审批的城市更新单元规划一般没有做出来，这时有些业主往往会以规划指标未定为由拒绝谈判。但如果拆迁谈判未能谈妥或存在纠纷，政府往往会拒绝对城市更新单元规划的审批。这就形成了AB互为必要条件的死循环。这也是目前众多已经立项的城市更新单元规划尚不能通过审批的原因。

要破解上述的僵局，唯一的办法就是在城市更新单元规划阶段把原业主纳入进来。把城市更新单元规划作为开发商和政府、开发商和原业主作为利益博弈的一个统一平台。而要把不具有专业知识、缺乏有效组织的原业主纳入进来，社区规划师制度是国外已经证明行之有效的一种手段。

因此，如何利用社区规划师制度推进城市更新，是开发商和规划师今后在城市更新规划方面重点考虑的一个领域。

（2）房地产评估行业

房地产评估是与传统旧改拆迁联系最为紧密的一个行业。《国有土地上房屋征收与补偿条例》出台之前，城市的旧改是不区分征收与非征收的，房地产评估价格是征收补偿的唯一价格依据。但随着《国有土地上房屋征收与补偿条例》（国务院令第590号）的颁布，旧改项目开始有公益性与非公益性区分。公益性项目走行政征收途径，商业性项目走市场收购途径，常规的房地产评估在城市更新中开始变得极不适应。目前，在商业性的城市更新项目中，常规的房地产评估基本上不再出现，也不再成为拆迁补偿价格制定的一个依据，因为现在的拆迁补偿价值已经远远超出了房地产评估得出的价格。即使在行政性的征收项目中，房地产评估基本上也是走走过程，最后补偿的价格基本上未参照房地产评估的价格，即便有，也是先有拆迁补偿价格后有房地产评估价格。

出现上述现象的原因是传统评估方式中对土地因为变性而导致的土地增值价值的考虑，即对土地开发权（期权）价值的考虑。目前，城市更新中开发商与原业主的博弈处于无序状态，除了缺乏博弈平台、博弈机制之外，缺乏一个通过第三方评估确定的，双方都认可的谈判价格基准也是一个重要原因。

房地产评估行业要在城市更新中有所作为，如何将开发权（期权）价值纳入评估体系应是未来一个重要考虑的领域。在过去，房地产评估公司由于受开发商/政府的委托，存在着压低评估价格的现象和内在动力。因此，如何在城市更新中如何重塑自己独立第三方的角色，并承担起城市更新中博弈双方协调人的角色，也应该是房地产评估行业在城市更新中应重点考虑的一个问题。

（3）法律服务行业

律师在城市更新行业的传统业务是做开发商在城市更新方面的法律顾问，帮开发商尽量避免城市更新运作中的一系列风险。近年来，专门帮被拆迁人维权的法律服务在律师行业做得风生水起。

但上述两种业务类型，不管是帮着开发商规避或转移风险，或者帮被拆迁人维权，都是寻找城市更新中对方的弱点和漏洞，从而在拆迁博弈中获得最大的利益。但城市更新能够顺利进行下去的前提是参与各方获得与自身承担风险相匹配的收益。在城市更新中，恰恰是由于在律师的帮助下，虽然一方获得了彻底的胜利（如被拆迁人诉开发商违法，阻止项目开发），但结果却是双输的局面。

城市更新的法律服务应该不仅扮演的是开发商或被拆迁人维护者的这样一个角色，而应该是站在第三方立场上，详细分析在城市更新中各方所承担的风险，将风险进行规避、消除而不是转移，并根据风险为土地增值收益分配提供法律依据。这是未来城市更新法律服务行业应重点考虑的一个问题。

2.3 城市更新中政府角色评价

（1）政府城市更新管理体系

深圳目前制定了初步完善的城市更新政府管理体系，政府的管理体系几乎涉及了各级政府和市政府的大部分管理部门。政府主要通过城市更新流程中每一步的审批和备案来控制城市更新走向和进度。目前深圳的城市更新政府管理体系示意图如图2-3所示。

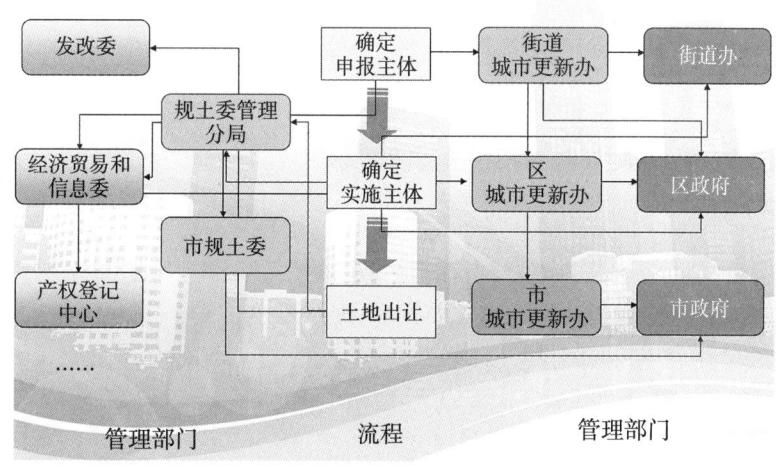

图2-3　城市更新政府管理体系

深圳城市更新与传统旧改相比，在政府角色方面的主要变化是政府从具体拆迁事务中的退出。政府对城市更新中的拆迁事务秉承"政府引导、市场运作"的原则。政府在拆迁中的公权力退出之后，由于拆迁失去了公权力的支持，目前拆迁成了许多城市更新项目推进困难的一个主要阶段。但由于城市更新在全国都是一个新事务，目前的政策体系还不完善，政府和整个社会的运作思路都尚不清晰和完善，针对目前遇到的困难，开发商开始抱怨政府在拆迁事务中的不作为。认为政府角色的转变，是由原先的错位转变到了缺位，政府没有在城市更新的拆迁中担负起他应有的责任。

政府在传统旧改中，就一直在"政府主导"和"市场主导"之间摇摆。现在，在推进困难的情况下，许多区级政府由开始将"市场主导"的原则向"政府主导"的原则转变。但随着中央政府对政府管理体制改革的强调，以及国家对私权保护的日益加强，"政府主导"不可能再回到"政府公权力"主导。政府职能将扮演起守夜人的角色，做好自己该做的事情。因为，在未来的城市更新管理中，政府如何做好城市更新的规范、宣传、培训、引导和监督，才是政府未来应重点考虑的议题。

城市更新涉及了政府的大部分职能管理部门和各级政府。虽然目前的管理体系已经经过了多次简化和完善，但目前仍稍显复杂，仍存在进一步简化的可能性。比较尴尬的是，目前复杂的政府管理体系在推进和提高城市更新效率上效果不大，反而可能成了部分官员寻租的对象。如何提高政府管理上的公开、公平、公正，是另外一个需要考虑的议题。

（2）城市更新政策法规体系

目前在国家层面，尚无专门针对城市更新的政策法规。城市更新从开发的层面上来讲，是一种在存量土地上进行再开发的一种行为。因此，在国外，一般有《再开发法》《市地重划条例》《住宅法》等政策法规来规范此等再开发行为。《深圳市城市更新办法》是全国第一部专门用来规范城市更新的地方法规。但目前的位阶不高，对城市更新的力度不是很强。国家层面的与城市更新相关度最高的是规范城市更新核心环节——拆迁的政策法规，如《拆迁管理条例》（目前废除，被《国有土地上房屋征收与补偿条例》取代）。国家层面与城市更新关联度最高的政策法规体系的演变示意图如图2-4所示。

随着城市更新与旧改的规模越来越大，在国家层面急需一个专门的城市更新政策法规出台，来推进城市更新工作。一些国家或地区，比如中国台湾，城市更新政策法规体系是由几十个政策法规组成的。相比来说，深圳市的政策法规体系至少还缺少城市更新信托或担保、城市更新实施主体公开选择机制、城市更新项目转让或退出、城市更新政府资金激励体系等方面的政策法规体系作为支撑。

图2-4 政策法规体系演变

（3）政府城市更新监管方式

城市更新推进过程中，原业主不愿和开发商签约的一个最重要的原因是原业主担心项目烂尾，迁出去的原业主新房没住成，旧房又属于有家不能回。现实情况也印证了原业主的担心不无道理。目前，处于僵持的多个旧住宅区城市更新项目，目前尚无看到解决的迹象。

政府目前对城市更新的监管方式是在确定某家开发商为实施主体后，由开发商向政府制定的账户存入安置房建设成本30%资金作为监管资金，由政府监管该资金的使用，以保证将来的安置房建设的正常建设。为了给原业主以信心，促进原业主和开发商之间的信息，也为了尽量降低将来城市更新项目给原业主带来的风险，目前，政府开始加大对开发商的监管力度。措施主要有二：一是提高开发商存入监管账户资金的额度；二是将监管措施前移，在开发商刚介入某城市更新项目，即在项目城市更新单元规划制定计划申报阶段（即俗称的立项阶段）即开始向监管账户存入资金。且不论这两个措施效果如何，就后一种措施来说，政府的措施显然是无的放矢。因为按现在的城市更新政策法规体系来讲，只有确定了实施主体之后，进入的开发商才具有了真正的在该项目上的法律主体地位。在这之前，开发商没有法律意义上的权利，如何承担监管受体上的义务。

现实也证明政府这样操作有偏差。目前，原业主并不是很相信政府目前的监管方式，纷纷开始自己建立自己的监管方式。有部分业主开始要求在开发商向自己按协议提供拆迁补偿的同时，向自己指定的保证金账户存入一定金额的资金作为保证金，将来一旦开发商在项目进行不下去的时候，作为对自己的一种弥补和保证。

于是，开发商在政府越来越严的监管方式下，又受到原业主创造的监管方式的挤压，再加上目前城市更新项目的融资困境，以及开发商对拆迁进度的恐惧，开发商也对推进城市更新项目持越来越谨慎的态度。这也构成了目前城市更新项目推进缓慢的一种重要原因。

其实，国外的一些城市更新经验已经为我们提供了有效的方法，那就是城市更新信托，即采用市场化的方式来提高原业主与开发商签约的信心（图2-5）。

中国城市更新理论与实践

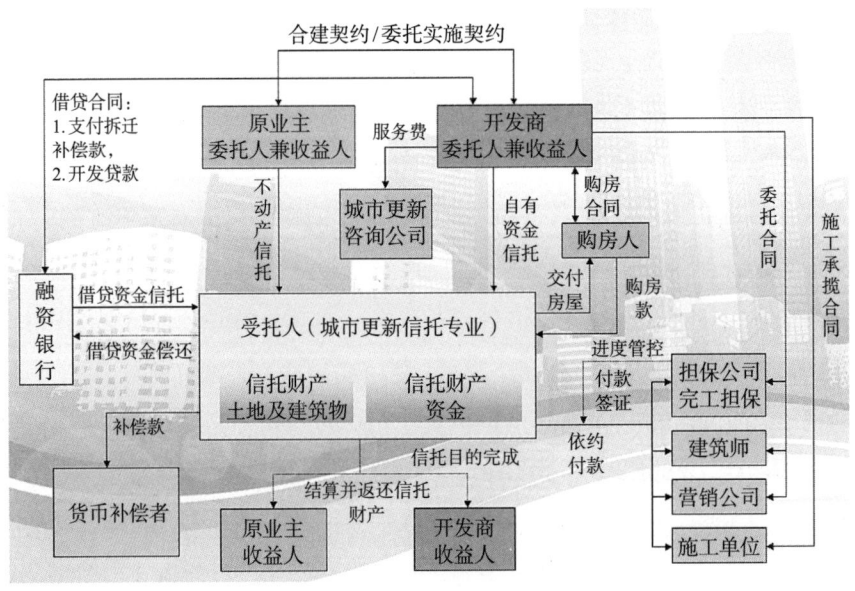

图2-5　城市更新信托运作机制

3

城市更新政策解读与大事件

3.1 全国城市更新政策

- 2013.4.8国土资源部发布《国有建设用地使用权出让地价评估技术规范（试行）》（国土资厅发〔2013〕20号）

- 2014.6.6国土资源部发布《节约集约利用土地规定》（中华人民共和国国土资源部令第61号）

- 2014.9.12国土资源部印发《关于推进土地节约集约利用的指导意见》（国土资发〔2014〕119号）

- 2015.6.25国务院《关于进一步做好城镇棚户区和城乡危房改造及配套基础设施建设有关工作的意见》（国发〔2015〕37号）

- 2015.12.24中共中央 国务院《关于深入推进城市执法体制改革、改进城市管理工作的指导意见》

- 2016.3.25财政部、住房城乡建设部《关于进一步做好棚户区改造相关工作的通知》（财综〔2016〕11号）

- 2016.7.11住房城乡建设部、财政部、国土资源部《关于进一步做好棚户区改造工作有关问题的通知》（建保〔2016〕156号）

- 2016.7.21住房城乡建设部、国家发展改革委、财政部联合发布《关于开展特色小镇培育工作的通知》（建村〔2016〕147号）

- 2016.11.11国土资源部关于印发《关于深入推进城镇低效用地再开发的指导意见（试行）的通知》（国土资发〔2016〕147号）

－2017.3.6住房城乡建设部印发了《关于加强生态修复城市修补工作的指导意见》(建规〔2017〕59号)

－2018.9.28住房城乡建设部《关于进一步做好城市既有建筑保留利用和更新改造工作的通知》(建城〔2018〕96号)

－2019.4.29住房城乡建设部、国家发展改革委、财政部联合印发《关于做好2019年老旧小区改造工作的通知》(建办城函〔2019〕243号)

－2020.4.13国家发展改革委印发《2020年新型城镇化建设和城乡融合发展重点任务》(发改规划〔2020〕532号)

(1)规划到2020年,培育1000个左右全国特色小镇

2016年7月,住房城乡建设部、国家发展改革委、财政部三部委联合发布《关于开展特色小镇培育工作的通知》(以下简称《通知》)。《通知》明确提出,到2020年,培育1000个左右各具特色、富有活力的休闲旅游、商贸物流、现代制造、教育科技、传统文化、美丽宜居等特色小镇。《通知》明确了五点培育要求,包括特色鲜明的产业形态、和谐宜居的美丽环境、彰显特色的传统文化、便捷完善的设施服务、充满活力的体制机制。

(2)工业和信息化部公布第一批国家工业遗产名单,总计有13个项目入选

2017年12月,工业和信息化部公布第一批国家工业遗产名单,总计有13个项目入选。鞍钢集团的鞍山钢铁厂、宝武集团的汉阳铁厂等央企所属项目入选第一批国家工业遗产名单。工业遗产是工业文化的重要载体,记录了我国工业发展不同阶段的重要信息,见证了国家和工业发展的历史进程,具有重要的历史价值、科技价值、社会文化价值和艺术价值。近年来,国资委和中央企业高度重视工业遗产保护工作,加强对工业遗产项目保护、管理,探索利用发展新模式,中央企业工业遗产保护传承工作不断取得积极进展。

(3)2018年试点城市改造老旧小区106个,形成了一批可复制、可推广的经验

党中央、国务院高度重视城镇老旧小区改造工作。2019年7月,住房和城乡建设部副部长黄艳介绍城镇老旧小区改造情况。习近平总书记指出,要加快老旧小区改造;不断完善城市管理和服务,彻底改变粗放型管理方式,让人民群众在城市生活得更方便、更舒心、更美好。2017年底,住房和城乡建设部在厦门、广州等15个城市启动了城镇老旧小区改造试点,截至2018年12月,试点城市共

改造老旧小区106个，惠及5.9万户居民。李克强总理在2019年《政府工作报告》中对城镇老旧小区改造工作作出部署。

（4）李克强总理主持召开国务院常务会议，部署推进城镇老旧小区改造等

2019年6月19日，李克强总理主持召开国务院常务会议，部署推进城镇老旧小区改造，顺应群众期盼改善居住条件；确定提前完成农村电网改造升级任务的措施，助力乡村振兴；要求巩固提高农村饮水安全水平，支持脱贫攻坚、保障基本民生。会议指出，按照中央经济工作会议和《政府工作报告》部署，积极做好"六稳"工作，稳投资是重要方面。要找准切入点，抓住既能满足群众期盼、有利于拓展内需促消费、又不会导致重复建设的重大项目，扩大有效投资，努力实现稳增长、调结构、惠民生的一举多得之效。

会议认为，加快改造城镇老旧小区，群众愿望强烈，是重大民生工程和发展工程。据各地初步摸查，目前全国需改造的城镇老旧小区涉及居民上亿人，量大面广，情况各异，任务繁重。会议确定，一要抓紧明确改造标准和对象范围，开展试点探索，为进一步全面推进积累经验。二要加强政府引导，压实地方责任，加强统筹协调，发挥社区主体作用，尊重居民意愿，动员群众参与。重点改造建设小区水电气路及光纤等配套设施，有条件的可加装电梯，配建停车设施。促进住户户内改造并带动消费。三要创新投融资机制。将对城镇老旧小区改造安排中央补助资金。鼓励金融机构和地方积极探索，以可持续方式加大金融对老旧小区改造的支持。运用市场化方式吸引社会力量参与。四要在小区改造基础上，引导发展社区养老、托幼、医疗、助餐、保洁等服务。推动建立小区后续长效管理机制。

（5）为优化资源配置、加快城市更新，国家发展改革委部署2020年重点任务

日前，国家发展改革委印发了《2020年新型城镇化建设和城乡融合发展重点任务》的通知。通知提出的总体要求是：坚持新发展理念，加快实施以促进人的城镇化为核心、提高质量为导向的新型城镇化战略，提高农业转移人口市民化质量，增强中心城市和城市群综合承载、资源优化配置能力，推进以县城为重要载体的新型城镇化建设，促进大中小城市和小城镇协调发展，提升城市治理水平，推进城乡融合发展，实现1亿非户籍人口在城市落户目标和国家新型城镇化规划圆满收官，为全面建成小康社会提供有力支撑。

在部署"提升城市综合承载能力"工作时，通知提出，着眼于增强人口经济承载和资源优化配置等核心功能，健全城市可持续发展体制机制，提升城市发展质量。通知要求"加快推进城市更新"。改造一批老旧小区，完善基础设施和公共服务配套，引导发展社区便民服务。改造一批老旧厂区，通过活化利用工业遗产和发展工业旅游等方式，将"工业锈带"改造为"生活秀带"、双创空间、新型产业空间和文化旅游场地。改造一批老旧街区，引导商业步行街、文化街、古城古街打造市民消费升级载体，因地制宜发展新型文旅商业消费聚集区。改造一批城中村，探索在政府引导下工商资本与农民集体合作共赢模式。开展城市更新改造试点，提升城市品质和人居环境质量。

3.2 上海城市更新政策

- 2004年《加强中心城区改变土地使用性质规划管理的暂行规定》
- 2005年《关于进一步加强本市规划管理若干意见》
- 2013.2.26上海市关于增设研发总部类用地相关工作的试点意见
- 2015.5.15上海市政府《上海市城市更新实施办法》
- 2016年《关于本市盘活存量工业用地的实施办法》
- 2016年《关于加强本市工业用地出让管理的若干规定》
- 2016.7.29上海市人民政府关于本市推进供给侧结构性改革的意见
- 2017.4.24上海发布《上海市土地资源利用和保护"十三五"规划》
- 2017.7.13《关于深化城市有机更新促进历史风貌保护工作的若干意见》
- 2017.11.17《上海市城市更新规划土地实施细则》
- 2018.1.4上海市政府发布《上海市城市总体规划（2017—2035年）》
- 2018.2.28上海市政府印发《上海市住宅小区建设"美丽家园"三年行动计划（2018—2020）》
- 2018.11.16《关于促进资源高效率配置推动产业高质量发展的若干意见》
- 2018.11.20《关于本市全面推进土地资源高质量行业现状利用的若干意见》
- 2020.4.16《上海市扩大有效投资稳定经济发展的若干政策措施》

（1）上海发布《上海市土地资源利用和保护"十三五"规划》

2017年4月24日，上海市人民政府印发《上海市土地资源利用和保护"十三五"规划》。规划提出，到"十三五"期末，上海市建设用地总规模不突破3185km²，其中工业用地比重降低到17%左右，优化住房供应结构，增加中小套型商品住房供应，建立完善购租并举的住房体系；耕地保有量不低于282万亩，永久基本农田不低于249万亩。

（2）上海制定促进资源高效率配置、推动产业高质量发展的"双高意见"

十一届市委四次全会以来，市委书记李强在多个场合强调，上海要"以亩产论英雄、以效益论英雄、以能耗论英雄、以环境论英雄"，成了上海新一轮经济发展的明确导向。上海制定促进资源高效率配置、推动产业高质量发展的"双高意见"，就是作为践行四个"论英雄"的具体举措和实际行动。"双高意见"用七个部分，提出了20条具体举措。在"双高"意见中，主要聚焦"评、配、管、引"四个环节，建立推动产业高质量发展的制度体系。

（3）城市更新已成为上海城市发展的主要方式，以存量开发为主

为了推进上海2040年规划，上海市政府相继下发了《上海市城市更新实施办法》《上海市城市更新规划土地实施细则》，就此，上海市规划国土资源管理局发布了上海城市更新四大行动计划，包括"共享社区计划、创新园区计划、魅力风貌计划、休闲网络计划"，示范项目的选取与推进采用"12+×"弹性管理方式。上海新一轮城市总体规划——"上海2040"的愿景，初步确定为建设一座追求卓越的全球城市。上海市委明确建设用地将"负增长"，上海将会进入更加注重品质和活力的"逆生长"发展模式，因此城市更新已成为上海城市发展的主要方式，也是未来城市治理的关键抓手。上海的城市更新是"有机更新"，以存量开发为主。

（4）上海成立城市更新和旧区改造工作领导小组

2019年11月11日，经上海市政府研究，决定将上海市旧区改造工作领导小组、上海市大型居住社区土地储备工作领导小组、上海市"城中村"改造领导小组、上海市城市更新领导小组合并，成立上海市城市更新和旧区改造工作领导小组。

（5）激发社会投资活力，加快推进城市更新

2020年4月16日，上海市人民政府办公厅发布关于印发《上海市扩大有效投

资稳定经济发展的若干政策措施》的通知。措施就推进重大项目开复工、扩大政府有效投资、激发社会投资活力、不断优化投资环境等作出了详细部署及具体要求。措施明确提出，激发社会投资活力，加快推进城市更新。存量工业用地经批准提高容积率和增加地下空间的，不再增收土地价款。坚持公共交通导向发展模式和区域总量平衡，研究优化住宅和商办地块容积率，提升投资强度。支持利用划拨土地上的存量房产发展新业态、新模式，土地用途和权利人、权利类型在5年过渡期内可暂不变更。措施提出，要减轻房企入市成本压力。2020年开工建设的住宅项目应缴纳的城市基础设施配套费，可在首次取得建筑工程施工许可证后三个月内缴纳。允许符合条件的房地产开发企业延期申报、缴纳土地增值税。

3.3 北京城市更新政策

－2013.9.7《北京市旧城区改建房屋征收实施意见》的通知

－2016.5.5《京津冀协同发展土地利用总体规划（2015—2020年）》

－2016.5.24北京市委市政府《关于全面深化改革提升城市规划建设管理水平的意见》

－2016.9.6北京市政府印发《北京市"十三五"时期土地资源整合利用规划》

－2017.9.29北京发布《北京城市总体规划（2016年—2035年）》

－2018.1.8北京市政府办公厅印发《关于保护利用老旧厂房拓展文化空间的指导意见》

－2018.6.14北京市关于确认2018年度老旧小区综合整治试点项目的通知

－2018.9.17北京市《关于进一步完善北京市棚户区改造计划管理工作的意见》

－2018.11.12北京市取消老旧小区综合改造工程外保温材料专项备案事项

－2019.4.28北京正式施行《北京市城乡规划条例》（修订版）

－2019.4.17北京市政府办公厅印发《北京市2019年棚户区改造和环境整治任务》

－2020.5.14北京市住建委联合印发《2020年老旧小区综合整治工作方案》

（1）北京启动老旧厂房摸底调查，严禁盲目拆建或过度改造

2018年1月，北京市政府办公厅印发《关于保护利用老旧厂房拓展文化空间

的指导意见》，提出严禁盲目拆建老旧厂房，同时也要避免过度改造。全市将加快启动对老旧厂房的摸底调查，开展分级分类保护利用，重要的老旧厂房将列为工业遗产，纳入历史文化名城保护范畴。根据此前的摸底调研，北京市各区已腾退老旧厂房200余个，总占地面积超过2500万 m^2，其中一批已经或正在转型为文创产业园区。

（2）北京两会政府工作报告解读，共生院成为城市更新的新路径

中共中央国务院在对《北京城市总体规划（2016—2035年）》的批复中提出，北京要做好历史文化名城保护和城市特色风貌塑造，老城不能再拆，通过腾退、恢复性修建，做到应保尽保。尤其是历史文脉丰厚的核心区，这里需要的是一种如绣花般精细的织补方式。"共生院"为老城保护打开了一扇新世界的大门。根据这种模式，大杂院内的居民可以根据自己的意愿开展"申请式"腾退，腾出来的空间再进行重新设计，住进新人，引入新文化。这就衍生出了共生院的三层内涵：新老建筑共生、新老居民共生和文化共生。未来将推出一批城市更新试点区域和试点项目，推动城市减量提质发展。坚持"保障对保障"，按照申请式改善、"共生院"改造的思路，推进核心区平房院落有机更新。

（3）北京市住房和城乡建设委等7部门联合印发《2020年老旧小区综合整治工作方案》

方案明确年内开工老旧小区综合整治项目80个，完成老旧小区综合整治项目50个，完成固定资产投资12.8亿元。老旧小区综合整治工作也被列入《2020年度街道工作和"吹哨报到"改革重点任务清单》。方案立足于建立良性互动新机制，系统总结了近年来北京市老旧小区综合整治工作的成熟经验，明确继续开展以"六治 七补 三规范"为主要内容的整治工作，并在民意立项、物业先行、长效机制贯穿始终等方面展开创新实践。所谓"六治"，就是要治危房、治违法建设、治开墙打洞、治群租、治地下空间违规使用、治乱搭架空线；"七补"主要包括补抗震节能、补市政基础设施、补居民上下楼设施、补停车设施、补社区综合服务设施、补小区治理体系、补小区信息化应用能力；"三规范"，主要是规范小区自治管理、规范物业管理、规范地下空间利用。

（4）北京市住房和城乡建设委发布《北京老城保护房屋修缮技术导则2019版》

导则将自2020年5月7日起施行，导则的制定发布实施，是落实新版城市总

体规划的重要内容，把老城区改造提升同保护历史遗迹、保存历史文脉有机结合，为正在开展的北京老城区改造提供了明确技术规范和标准，将有效保护北京特有的胡同—四合院传统建筑形态，改善老城平房院落居民的居住条件。导则适用于北京老城内，即二环路以内（含护城河及其遗址）的区域，除文物保护单位、普查登记文物、历史建筑（含挂牌院落）以外的胡同、院落和房屋，进行修缮保护、使用功能改造、市政设施改造、风貌和环境整治提升工程。其中，历史文化街区外的胡同、院落和房屋，其外立面、公共空间等可视范围内的修缮工作执行导则。老城区域以外的历史文化保护区，房屋保护修缮，可参照执行。导则从院落和房屋两个维度对修缮等级进行了细分，包括三类院落、五类建筑。

3.4 深圳城市更新政策

－2009年《深圳市城市更新办法》出台

－2010年《深圳市城市更新（"三旧"改造）专项规划》

－2016年《深圳市城市更新"十三五"规划》

－2017.12.11关于规范城市更新实施工作若干问题的处理意见

－2018.1.30《深圳市城市更新项目保障性住房配建规定》

－2018.7.16深圳市人民政府关于完善国有土地供应管理的若干意见

－2018.8.9市规划国土委印发《深圳市土地整备利益统筹项目管理办法》

－2018.8.30《深化住房制度改革加快建立多主体供给多渠道保障租购并举的住房供应与保障体系的意见》

－2018.11.20《深圳市综合整治类旧工业区升级改造操作指引（试行）》

－2018.11.26《深圳市拆除重建类城市更新单元土地信息核查及历史用地处置规定》

－2019.3.27《深圳市城中村（旧村）综合整治总体规划（2019—2025）》

－2019.6.6深圳市印发《关于深入推进城市更新工作促进城市高质量发展的若干措施》

－2019.7.24市规划国土委印发《深圳市2019年度城市更新和土地整备计划》

－2020.4.29深圳市印发实施《深圳市拆除重建类城市更新单元规划审批规定》

（1）深圳出台工业区块线管理办法：禁止工改"类住宅化"

2017年12月，深圳发布了《深圳市工业区块线管理办法（征求意见稿）》，从严控建筑设计规定、加大产权分割面积、提高产业准入与分割转让门槛、首提产业监管回收土地要求五方面严管"工改工"。此外，区块线内工业用地转型为研发总部类用地的，自用比例不得少于60%。工业用地转型为公共服务设施用途的，房屋不得分割转让。该办法于2018年起施行，有效期5年。

（2）深圳明确城市更新单元用地管理

2017年12月，深圳印发了规范性文件《关于城市更新实施工作若干问题的处理意见（二）》，明确了城市更新单元的用地管理：第一，已建、在建或者国家发展改革委已批复立项的地铁线路可作为城市更新项目的审批工作依据。第二，城市更新项目配建人才住房和保障性住房按照有关规定执行。第三，单一用地性质的二类居住用地允许配套建设的商业，不包括办公、旅馆业建筑和商务公寓。第四，城市更新单元中非独立占地的公共配套设施宜相对集中布局在建筑物首层，如因条件限制，部分公共配套设施只能设置于建筑物二层时，允许集中设置出入口并应当满足无障碍设计要求。

（3）2019年深圳拆除重建类城市更新用地，供应不少于246公顷

《深圳市2019年度城市更新和土地整备计划》正式印发，将重点围绕"加大成块连片土地清理和整备，加快旧工业区连片升级改造"的工作要求，加快形成连片可开发的产业空间，为重大产业项目落地提供保障。根据计划，城市更新2019年总体任务包括完成省"三旧改造"考核任务，年度全市新增实施改造任务不少于9000亩，完成改造任务不少于5600亩；年度全市完成旧工业区综合整治建筑面积不少于120万 m^2。值得一提的是，2019年度全市拆除重建类城市更新用地供应不少于246公顷，全市土地整备留用地批复不少于60公顷。

（4）深圳市正式印发《深圳市拆除重建类城市更新单元规划审批规定》

为进一步规范拆除重建类城市更新单元规划审批工作，提高行政效率，深圳市印发实施《深圳市拆除重建类城市更新单元规划审批规定》。审批规定是深圳市规划和自然资源局，结合近年各区城市更新审批工作实际情况，依据最新的相关规章、政策，并结合近期出台的《深圳市拆除重建类城市更新单元规划编制技术规定》《深圳市拆除重建类城市更新单元规划容积率审查规定》等政策文件，

在原市规划国土委出台的《城市更新单元规划审批操作规则》基础上，对部分内容进行修正与完善的结果。审批规定对城市更新单元规划的申报、审查程序进行了规范。明确城市更新单元规划由区城市更新机构审查，报各区政府或建环委审批。同时要求城市更新单元规划审批坚持全市统一政策、统一标准、统一流程、统一时限的原则，各区不得随意增设或调整相关规程。

4

城市更新发展能力研究

4.1 产业发展方向研究

十九大后,我国产业发展方向主要围绕以下几个方面:

(1)推进新型工业化、信息化、城镇化、农业现代化同步发展。习近平总书记多次发表重要讲话,就如何处理新"四化"关系、推进新"四化"同步发展指明方向。与西方发达国家选择的"串联式"发展过程不同,作为后进国家,我国选择的是一个"并联式"的发展过程,将工业化、信息化、城镇化、农业现代化同步推进。

(2)深化推进供给侧改革,加快实现产业创新发展。供给侧结构性改革要求以改革创新为主要手段来化解经济中出现的结构性失衡问题;要求通过要素投资驱动向创新驱动的转变,培育新的经济增长动力;要求利用新技术跨界融合加速传统产业转型升级,淘汰落后产能。

(3)推进区域产业协调发展,解决发展不平衡问题。党的十九大报告提出,实施区域协调发展战略,建立更加有效的区域协调发展新机制。针对不同区域的特点,强调取长补短、精准定位、区别发展,注重拓展区域发展新空间。

(4)建立更加开放的现代产业格局。以"一带一路"建设为重点,坚持引进来和走出去并重,遵循共商共建共享原则,加强创新能力开放合作;努力形成陆海内外联动、东西双向互济的开放格局;赋予自由贸易试验区更大的改革自主权,探索建设自由贸易港。

4.2 产业发展重点领域研究

十九大后，我国产业发展的重点领域包括：

（1）战略性新兴产业。战略性新兴产业代表新一轮科技革命和产业革命的方向，是培育发展新动能、获取未来竞争新优势的关键领域。要加快发展壮大新一代信息技术、高端装备、新材料、生物、新能源汽车、新能源、节能环保、数字创意等战略性新兴产业。

（2）现代服务业。十九大报告关于服务业的各种论述，为我国现代服务业发展营造了良好的政策环境，将进一步激活我国现代服务产业的生产力，优化我国服务贸易整体产业链的市场环境。

（3）先进制造业。对于当前较为领先的制造业领域，包括航空器和航天器制造、高铁、核电设备制造、特高压输电装备制造、现代船舶制造等，要不断应用新技术继续提升这些行业的竞争力，保持世界领先地位。还要注重制造业结构优化升级这一主题，从强调单一增长调整为强调制造业质量提升，提高制造业生产率，推进传统产业的现代化发展。

（4）绿色产业。我国必须坚持人与自然和谐共生的现代化，形成节约资源和保护环境的空间格局、产业结构，既要创造更多物质财富和精神财富以满足人民日益增长的美好生活需要，也要提供更多优质生态产品以满足人民日益增长的优美生态环境需要。这就意味着，产业的发展，必须是绿色发展。绿色产业必将在十九大后蓬勃发展。

（5）新型农业。实现乡村振兴离不开农业现代化，离不开发展新型农业。未来5年，农业资本、农村新能源、土地资源、农机农服项目、休闲农业、农村电商等十大农业产业项目将会快速发展。

4.3 产业集群研究

20世纪70年代以来，产业集群在全球范围内快速兴起，已引起国际经济组织、政府部门、学术界的浓厚兴趣；在中国随着北京中关村电子产业集群、广东佛山陶瓷产业集群、江苏纺织品产业集群等迅速发展，以及这些产业集群在区域经济增长中发挥重要作用，产业集群才成为经济学界和企业家们关注的焦点之一。

随着著名学者们对产业集群研究发现，原来世界经济已经变成一片马赛克式的集群经济版图；可见，产业集群已成为当前世界经济格局和区域产业规划一个重要影响因素，它体现在社会生产方式及结构的变化，也体现在资本、技术、劳动力等生产要素在产业链中的优化配置，所以，研究产业集群对当下中国产业转型及升级有着较大的影响。

经济理论研究的价值在于它能够解释经济现实，从而推动社会经济发展。一个不容置疑的经济现实是，今天的经济体系中已经普遍存在产业集群或被称为"经济马赛克"现象，当政府做产业规划时，会考虑哪些产业可以准入？当企业策划战略转型或产业升级时，也会考虑转向哪些产业？当人们寻求高品质商品时，首先考虑的是这个商品的品牌和产地。值得引人深思的问题是，这样产业集群现象的背后经济逻辑是什么？是什么导致产业生态链的存在？产业集群有哪些优势和特点，对产业经济绩效有哪些影响？我们该如何做好产业规划等，这些都是需要我们去面对的。

从国际大环境看，经济全球化与新的科技革命加速世界产业结构的调整，特别是高技术产业和知识经济的快速发展将引发新一轮的产业革命，发达国家产业升级、产业转移与扩散的步伐明显加快，这对中国而言，既是机遇，也是空前的挑战。十九大以来，中国已进入经济发展新时代，经济全球化和信息化正导致要素、资源和分工在不同层次迅速地变化，并日益集聚于特定区域，实现向科学发展、资源节约、环境和谐的美丽中国过渡；作为全球生产制造基地的中国，如何实现产业升级、增加就业，并更多创造具有高附加值的产品，发挥"低本高质"的竞争优势，而产业集群是打造国际经济竞争力、实现区域经济有序可持续发展、帮助企业提能升级有效途径等方面具有重要现实意义。

从宏观上讲，在社会历史发展进程中人类文明出现起，伴随着生产、交换、分配和消费等经济行为，产业集群这种现象就已经存在，从古到今，基于不同的角度、维度提出产业集群理论，在当时发挥着独特的作用（图4-1）。

产业集群是由一群地理邻近、拥有共同利益且相互紧密联系的专业化企业及

图4-1　不同产业集群理论

马克思——分工协作理论

建立在协作基础上企业生产，可以产业比分散生产更高的效率。其核心是对高效率和低成本的追求

马歇尔——规模经济理论

特定区域内由于某种产业的聚集发展所引起的该区域内生产企业整体成本下降，其核心外部规模经济大幅降低企业成本

韦伯——产业区位理论

费用最小的区位是最好的区位，而集群能使企业获得成本节约，其核心成本最小获益最大

佩鲁——增长极理论

在区域经济非均衡发展中，主导推动性单位能带动特定区域其他经济单位几何数增长，其核心是头部经济体

熊彼特——技术创新理论

技术创新及其扩散促使其有产业关联性的众多企业形成集群，其核心是创新推动产业集群

波特——产业竞争力理论

某地区的某产业相对于其他地区的同一产业在生产效率满足市场需求。持续获利等方面所体现的竞争能力。核心属于比较的概念

相关支撑机构共同组成的、具有鲜明的知识技术创新能力、地域网络结构特征和市场竞争优势，并且深刻根植于当地社会文化制度环境中的地域生产综合体和产业创新集聚区。产业集群的条件见图4-2。

产业集群具备的6个特性：①集聚性：动力源于正外部经济效应；②根植性：所在地区的归属和参与性；③竞争性：企业的竞争优势和竞争力；④关联

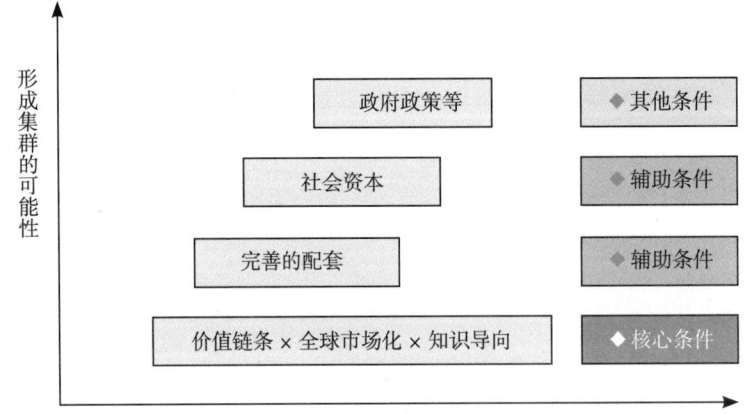

形成集群的可能性

政府政策等　◆其他条件

社会资本　◆辅助条件

完善的配套　◆辅助条件

价值链条 × 全球市场化 × 知识导向　◇核心条件

图4-2　产业集群的条件

性：纵横交错的利益共同体；⑤创新性：创新的主体、资源、活动；⑥网络性：指具有节点和交互式联结。

中国产业集群发展轨迹见图4-3。

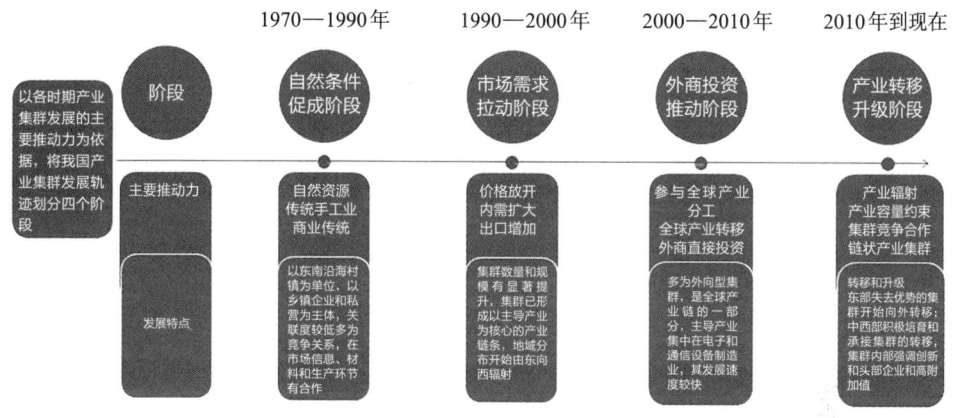

图4-3　中国产业集群发展轨迹

根据形成机制不同，我国产业集群大致分为六种类型：资源驱动型、贸易驱动型、外商直接投资型、科技资源衍生型、大企业种子型和产业转移型。

（1）资源驱动型产业集群：凭借本地区独特的产业专业化条件、工商业传统和自然资源，依靠民间微观经济主体的自发创新，并在内生性民间资本积累的推动下和获得相对全国其他地区体制优势的情况下，借助市场力量逐渐生成的产业集群。

（2）贸易驱动型产业集群：指以本土企业为主的国内贸易和出口贸易带动的产业集群。

（3）外商直接投资型产业集群：凭借优越的地理位置、优惠的投资政策、丰富的土地资源和充足的劳动力，在地方政府市场培育、企业创造性模仿和企业家精神等共同作用下形成。

（4）科技资源衍生型产业集群：中关村产业集群是科技资源衍生型产业集群的代表。中关村是我国教育和科研资源最为密集的区域，有以清华大学、北京大学为代表的著名大学和以中科院为代表的科研机构。

（5）大企业种子型产业集群：随着企业间竞争的加剧和专业化分工的演进，大企业往往专注于某一环节的核心能力建设，而将其他业务外包出去，这样就吸引众多的中小企业依附于周边，为大企业提供配套服务，从而形成全产业链的产业集群。

（6）产业转移型产业集群：此类产业集群主要存在于中西部地区。它们在资金、技术、市场、人才等方面处于劣势，但在劳动力、土地、自然资源等优势明显。

中国产业集群的主要特点：

（1）产业集群分布主要集中在东南沿海地区，中西部地区正处于培育期；

（2）东部地区的产业集群对市场环境依赖高，中西部地区以资源依赖为主；

（3）产业集群的主导产业以制造业为主，尚处于全球价值链中低端；

（4）产业集群主体以中小企业为主，少数大企业正在引领产业集群发展；

（5）产业集群形成与经济开放有内在逻辑关系；

（6）政府在推动产业集群发展中发挥重大作用。

中国产业集群的发展趋势：

（1）集群逐渐由东南沿海向中西部扩展，并呈现跨区域发展趋势。

（2）东部地区产业集群正由低级形态向高级形态升级中。

（3）中西部产业集群处于培育成长期，未来发展潜力巨大。

（4）传统产业仍发挥主导作用，但高新技术产业集群将会越来越多。

（5）不同区域集群的竞争越来越激烈，集群创新将成为各地发展的重要内容。

国家现代农业示范产业园　　　　　　　　　　　　　表4-1

产业园名称	产业特色
1.四川省眉山市东坡区现代农业产业园	改传统的水稻—油菜种植模式为"稻菜轮作""稻蔺轮作"种植模式
2.浙江省慈溪市现代农业产业园	已基本形成优质粮食和精品蔬果两大主导产业，绿色生态循环等配套产业和粮食蔬果加工产业健全，出口蔬菜等全产业链基本形成
3.黑龙江省五常市现代农业产业园	五常市现代农业示范区在加速现代农业进程中着力推进了土地规模化经营，收到了较好的成效
4.黑龙江省庆安县现代农业产业园	站在全省、全国优质大米生产、加工的潮头
5.江苏省泗阳县现代农业产业园	积极打造工厂化食用菌和设施园艺基地，产业特色明显

续表

产业园名称	产业特色
6.浙江省诸暨市现代农业产业园	珍珠、香榧、果蔬、茶叶、绍兴鸭、红高粱等特色产业
7.山东省金乡县现代农业产业园	标准化规模化种植，大蒜品牌效应领先全国，新型经营主体成为主导，产业集中度、融合水平不断提高
8.江西省信丰县现代农业产业园	打造农业物联网云平台、农产品质量安全监管追溯平台、农产品电商平台等三大平台
9.湖北省潜江市现代农业产业园	果蔬生产销售、甲壳素之都、生态龙虾城
10.贵州省水城县现代农业产业园	主导产业为猕猴桃和茶叶
11.广西壮族自治区横县现代农业产业园	世界最大的茉莉花和茉莉花茶生产加工基地

高端装备制造产业集群　　　　　　表4-2

高端装备制造产业集群	龙头企业/集群名称
航空装备	中航科工、中航工业、中航动力、中航高科、中航重机、中航光电、航天机电、航天科技、成飞集成、西飞国际、哈飞股份、中国商飞
	陕西航空航天装备产业集群、成都航空装备产业集群、长沙航空装备产业集群
卫星及应用	中国卫星、航天电子、合众思壮、国腾电子、北斗星通、中国智恒、江苏三友
	京津冀、长三角、珠三角、川陕渝、华中集群，西安卫星应用产业群、成都北斗产业群
轨道交通装备	长春轨道、大连机车、唐山轨道、广东南车、成都轨道、重庆长客、株洲机车、武汉长客、南京车辆等
	株洲轨道交通装备产业集群、广州轨道交通产业集群、山东轨道交通产业联盟、广西轨道交通装备产业集群、四川轨道交通产业集群、常州轨道交通产业集群
海洋工程装备	中船重工、中国船舶、上海外高桥、扬子江船业、中集海洋、新时代造船、振华重工、金海重工、大连重工、中华造船、金海重工
	以中船重工牵头的环渤海产业集群、上海外高桥龙头的长三角产业集群、招商局重工牵引的珠三角产业集群
智能制造装备	沈阳机床、华东数控、华中数控、昆明机床、秦川机床、新松机器人、哈尔滨博实、广州数控、深圳华为电子、华立仪表、软控股份、西安宝德、北京智能
	江苏智能制造产业集群、杭州智能制造产业集群、安徽智能制造集群、湖北制造装备产业集群、广州智能装备制造产业区、上海智能制造产业区

081

4　城市更新发展能力研究

新能源产业集群 表4-3

新能源产业集群	龙头企业/集群名称
太阳能光伏集群	天合光能、阿特斯、晶科能源、晶澳、协鑫集成、无限尚德、天威保变、东汽集团
	江苏光伏产业集群、浙江光伏产业集群、西安太阳能光伏产业集群、河北邢台太阳能光伏产业基地、新疆光伏产业聚集区、内蒙古太阳能及光伏产业集群、酒泉新能源装备制造产业园、青海光伏产业集群、宁夏光伏产业、昆明、银川等多个城市太阳能光伏主导产业
水电产业集群	中国水电、中国电力、长江电力、国投电力、桂冠电力、川投能源、黔源电力、三峡水利、东方电机、富春江水电设备股份
	金沙江水电基地、雅砻江水电基地、大渡河水电基地、长江上游水电基地、长江三峡水电站、葛洲坝水电站、乌东德水电站、溪洛渡水电站、向家坝水电站、龙滩水电站
风电产业集群	金风科技、国电联合动力、远景能源、明阳风电、中船重工、重庆海装风电、上海电气、华创风能、中国电建、华锐风电、东方电气、三一重工、华仪风能、GE中国、久和能源
	福州三峡海上风电产业集群、甘肃风电产业集群、新疆哈密风电场、河北风电产业集群、吉林风电基地、江苏风能基地、海上风电智能制造基地、辽宁东港海上风电项目
核电产业集群	中国核电、中核科技、浙富控股、台海核电、江苏神通、东方电气、上海电气
	大亚湾核电站、秦山核电站、方家山核电站、岭澳核电站、田湾核电站、宁德核电站、红沿河核电站、阳江核电站、海南昌江核电站、防城港核电站、福清核电站、三门核电站

石墨烯新材料产业集群 表4-4

序号	基地名称
1	哈尔滨石墨烯产业基地
2	宝鸡石墨烯产业基地
3	青岛石墨烯产业园区
4	大同石墨烯科技产业园
5	常州石墨烯科技产业园
6	无锡石墨烯科技产业园
7	上海石墨烯产业化技术平台
8	南京石墨烯创新产业园
9	江西共青城石墨烯产业园
10	厦门石墨烯工业化基地

序号	基地名称
11	重庆石墨烯产业园区
12	攀枝花石墨烯产业园区
13	长沙石墨烯产业集群

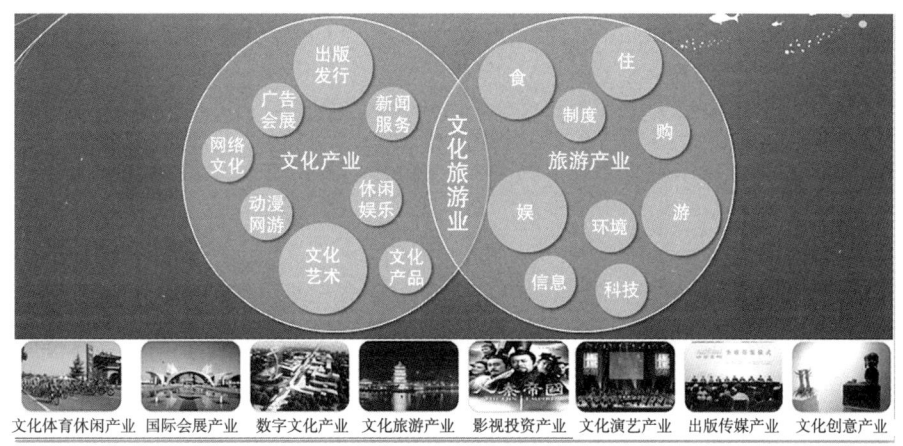

图4-4　文化旅游产业集群

4.4 产业河流研究

中国改革开放40年来，理论界和产业界对产业流域经济的产业集聚和转型升级的研究较少，产业河流具有自然河流水系特性，以产业转移和转型特性为基础，将产业经济系统和自然生态系统承载有机耦合，自古以来，由于资源、地理、文化、交通等产业要素的影响，各地方形成各种各样的产业聚集区，产业河流将结合流域地理、产业空间、经济环境特征要求开展系统性研究。

目前，世界公认的全球城市和地区有伦敦、纽约、巴黎、东京、中国香港、新加坡、北京等，它们都是全球资源要素大规模流动及配置的基本节点城市。

国际产业转移是指某些产业从一个国家或地区通过贸易、投资等方式转移到另一个国家或地区的过程。从全球来看，历史上发生了五次大规模的国际产业转移，其中最近一次发展在2008年国际金融危机后，出现了"双向转移"现象。本次国际产业转移出现了与以往四次不一样的特点，前四次的产业转移都是单方向的由上往下转移，即由发达经济体向新兴经济体转移，而这次转移出现了"双向转移"现象。一方面，受"再工业化"政策的影响，产业高端链条回流欧美发达国家；另一方面，受成本上升影响，产业低端链条开始从中国向成本更低的地区转移（图4-5）。

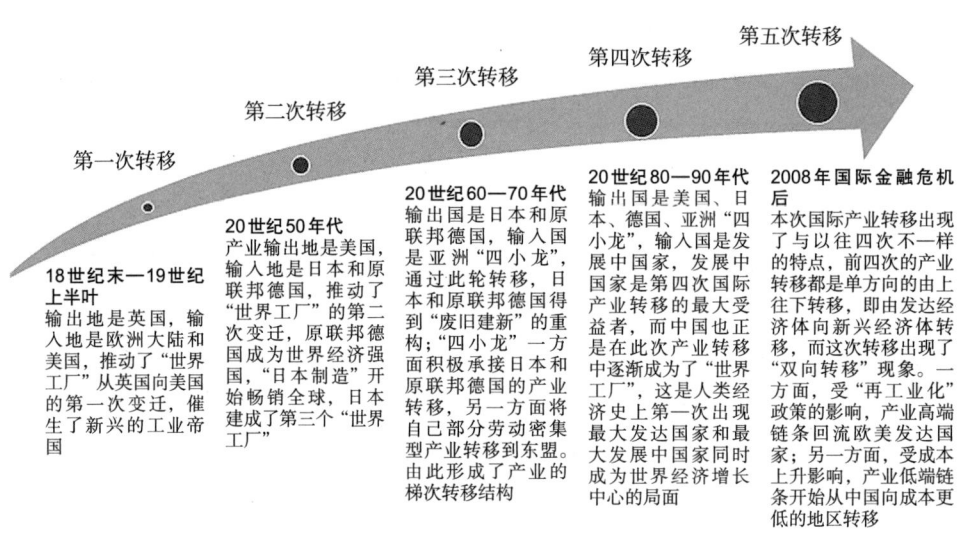

第一次转移
18世纪末—19世纪上半叶
输出地是英国，输入地是欧洲大陆和美国，推动了"世界工厂"从英国向美国的第一次变迁，催生了新兴的工业帝国

第二次转移
20世纪50年代
产业输出地是美国，输入地是日本和原联邦德国，推动了"世界工厂"的第二次变迁，原联邦德国成为世界经济强国，"日本制造"开始畅销全球，日本建成了第三个"世界工厂"

第三次转移
20世纪60—70年代
输出国是日本和原联邦德国，输入国是亚洲"四小龙"，通过此轮转移，日本和原联邦德国得到"废旧建新"的重构；"四小龙"一方面积极承接日本和原联邦德国的产业转移，另一方面将自己部分劳动密集型产业转移到东盟。由此形成了产业的梯次转移结构

第四次转移
20世纪80—90年代
输出国是美国、日本、德国、亚洲"四小龙"，输入国是发展中国家，发展中国家是第四次国际产业转移的最大受益者，而中国也正是在此次产业转移中逐渐成为了"世界工厂"，这是人类经济史上第一次出现最大发达国家和最大发展中国家同时成为世界经济增长中心的局面

第五次转移
2008年国际金融危机后
本次国际产业转移出现了与以往四次不一样的特点，前四次的产业转移都是单方向的由上往下转移，即由发达经济体向新兴经济体转移，而这次转移出现了"双向转移"现象。一方面，受"再工业化"政策的影响，产业高端链条回流欧美发达国家；另一方面，受成本上升影响，产业低端链条开始从中国向成本更低的地区转移

图4-5 五次大规模国际产业转移

2017年以来，世界主要国家仍然在推进结构性改革道路上，新一轮结构性改革与新一轮产业转移并存，新一轮全球产业转移和要素重组加速发展，突出体现在两个方面：①随着中国制造业原材料成本、土地成本、电力成本，尤其是劳动力成本上升，新一轮劳动密集型产业加速向东南亚、南亚和非洲等具有成本优势的地区转移。②2017年及今后一段时期内，高端制造业或将回流欧美。麻省理工学院（MIT）的研究表明，33%的海外美国企业考虑将制造业务迁回本土，目前谷歌、惠而浦、福特汽车等部分制造业组装业务都已迁回美国。据美国"回流倡议"机构2016年4月的统计，自2010年2月以来，回流企业和外国投资共在美国国内创造了24.9万个新工作机会。

不论是国际产业转移，还是国内产业转移，其产生均源于经济发展水平有差距。我国地域面积大，资源禀赋条件各异，地区之间经济发展不平衡，存在产业梯度差，这就使得产业转移成为经济发展过程中的必然现象。国内产业转移主要发生在制造业领域，长三角、珠三角、环渤海等沿海地区是主要输出地，不同地

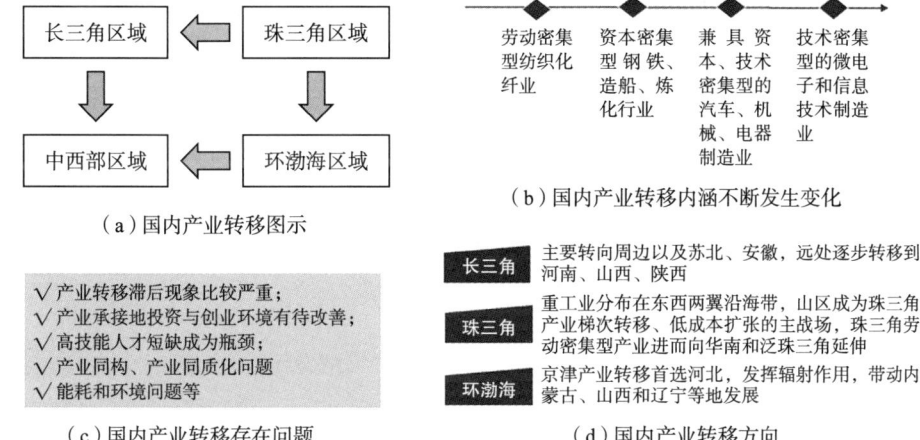

长三角	主要转向周边以及苏北、安徽，远处逐步转移到河南、山西、陕西
珠三角	重工业分布在东西两翼沿海带，山区成为珠三角产业梯次转移、低成本扩张的主战场，珠三角劳动密集型产业进而向华南和泛珠三角延伸
环渤海	京津产业转移首选河北，发挥辐射作用，带动内蒙古、山西和辽宁等地发展

（a）国内产业转移图示   （b）国内产业转移内涵不断发生变化

（c）国内产业转移存在问题   （d）国内产业转移方向

图4-6　国内产业河流现状

区产业输出方向有差异。

新的时代背景下，区域经济一体化走向深入，经济结构调整和产业转型升级步伐加快，国内产业转移呈现出新特征和新趋势。

产业转移新特征：

①中国在持续推进国内区域间产业转移合作的同时，加大对海外投资和转移的力度，逐步改变在全球经济发展中的角色地位；

②外资加速向中西部特别是具有电子信息和人才优势的部分西部省份转移；

③东部地区产业结合中西部地区产业环境和配套发展，呈现链条式、整体式和集群式转移趋势，产业转移也实现从生产要素约束型向产业布局的优化进行过渡和升级；同时，产业合作和转移模式逐步创新，合作共建园区成为地区之间开展产业转移和区域合作的重要方式。

产业转移新趋势：

①沿海产业转移呈现向省内欠发达地区和中西部地区转移并存趋势；

②产业转移由传统劳动密集型产业为主向资本、技术密集型产业提升；

③企业组团式或产业链整体转移趋势日益明显；

④珠江三角洲产业有向东南亚联盟国家转移的趋势；

⑤有产业特色和配套产业基础的地区对东部企业将越来越具有投资转移吸引力；

⑥区域之间争夺产业转移的竞争将日趋激烈，对承接地投资环境要求越来越高。

近年来，我国许多地方抓住产业转移的新趋势，产业取得了蓬勃发展，同时随着中西部地区经济发展，内需市场扩大以及产业结构的升级，国内产业转移正在进入全面优化产业链布局、转移和转型协调的新阶段。①东部地区对中西部地区产业疏解不仅局限于传统低端产业：东部地区对西部地区的产业转移已经逐步扩展到电子信息、装备制造、新能源等高端产业，同时更加注重对转移承接地区综合制造成本、产业配套能力、消费市场的考量。②中西部地区的龙头企业开始将总部和研发基地迁往东部地区：国内产业转移逐步打破东部向中西部转移的态势，呈现石化、有色金属等部分产业沿海化布局的趋势，同时中西部地区的龙头企业开始将总部和研发基地迁往东部，充分利用当地的人才、科技和总部企业聚集优势。

明确优势加大对沪招商力度	发挥优势，提升对接精准度	探索模式，实现布局重构	打准方向聚集核心产业发展
◆ 围绕"想做什么，能做什么，自己有什么，对方有什么"的思路，明确优势和劣势； ◆ 制定招商地图，通过主题招商、产业链招商，不断拓展招商渠道	◆ 借助上海产业疏解外迁机遇，要充分发挥产业、配套、要素等优势； ◆ 通过接轨上海，加强产业对接，有效承载，进而带动本地产业转型升级	◆ 园区共建模式、筑巢引凤模式、政企合作模式、企业联手模式、托管合作模式、创新联盟模式； ◆ 围绕不同模式，实现产业布局重构，新举措求新发展	◆ 深入挖掘自身潜力，结合区位特点，找准切入点和着力点； ◆ 围绕自身产业生态构建好承接，聚集区域产业发展重点缺失环节所有侧重承接

图4-7　各地承接上海产业河流的建议

4.5 产城融合动力研究

（1）来自各级政府驱动力

各级政府有大量的理由去推进产城融合，推动城市更新与物业改造项目，不同类型的项目都拥有一系列相同的驱动力。以下将列举一些政府在实施城市更新4.0过程中将会考虑的重点。

驱动力一：面向未来。确保城市的可持续发展未来，城市的生活、工作、购物以及娱乐方式将会与现今大不相同。科技、政治、经济和环境是产生这些变化的主要因素。中国城市在思考如何更新与改造现有物业资产（建筑/土地）时，必须考虑到未来市民对于不动产的要求。只有当我们对此有了清晰的了解以后，才能够以一种可持续发展的方式来进行更新和改造，以应对未来的机遇和挑战。

驱动力二：提高宜居性。通过城市更新和物业改造来提升生活质量是中国城市实施改造升级的核心目标。这将会实现多方共赢，即城市居民、城市本身及各级政府都能从中获益。例如，破旧区域及其建筑的改造更新将会防止"贫民窟"的蔓延。适当类型的更新与改造可以降低犯罪率，提高居民的健康水平和生活福利，并为城市带来更多的人口、企业和投资。

驱动力三：更好的环境可持续性。空气质量、水质、土壤质量以及气温上升等已经成为近些年政府需要应对的主要问题。在过去的10年里，许多城市致力于改善空气和水的质量，以及延缓城市气温的升高。在未来，城市将继续致力于应对环境问题，城市更新和物业改造应在其中发挥其应有的作用。例如，更新与改造后的建筑可以转变成为绿色建筑。相关技术已经在建筑改造中广泛使用，这些举措有助于减少资源浪费、增加循环利用、降低能源消耗和温室气体的排放。例如，更新改造后的公园和街道由于种植了大量植被，可以缓解城市的热岛效应（图4-8）。最后，通过将棕色用地污染企业搬离城市并清理受污染的土壤和水体，土壤质量、水质和空气质量都将得到提升。中国城市已经做了大量的工作来改善环境，但仍旧有很长的路要走。

驱动力四：为正在进行的城市化提供解决方案。中国正处在高速城市化的进程中。到2025年，70%的中国居民将居住在人口总数超过100万的城市之中；到2030年，221个城市将拥有超过100万的城市人口，居住着4亿城市居民，超过美国人口。中国城市的交通基础设施、健康配套设施以及其他公共设施正经历着巨大的考验和压力。由于近年来大规模人口向城市迁移，城市住房需求大幅增加。在中国最大的几个城市中，住房价格的持续上涨使得住房对于居民来讲变得愈发难以负担。高额的房价可能会将青年人才拒之于大城市的门外。政府可以通过实施多种措施来保持大城市对青年人才的吸引力，同时缓解公共交通、市政服务及房价上涨的压力。政府可以对交通基础设施进行更新，使其变得更加智能，

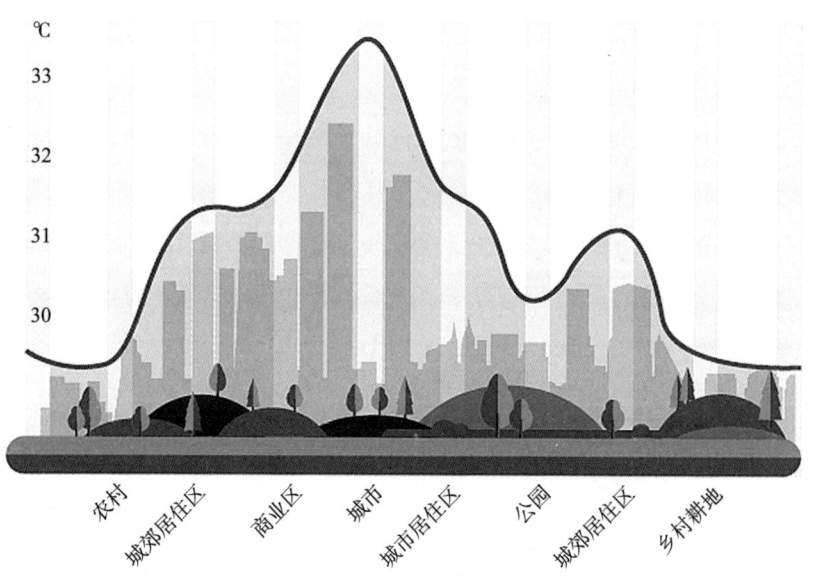

图4-8 "热岛效应"

还可以对老旧工业及写字楼项目进行更新与改造和重新定位，或与现行政策相符的公共设施和保障型住房，从而释放部分因持续城市化所造成的压力。

驱动力五：增强城市的竞争力。一个具有竞争力的城市可以成功地助力落户于此的企业和产业进行产业链升级，提高生产力，增加盈利能力，进而实现境内投资、就业和居民收入的大幅增长。为了提升竞争力，中国城市必须去辨别其拥有的潜在增长动力，并与各利益相关方制定共同的行动计划。城市更新和物业改造项目应是这类行动计划的重要组成部分。只有这样，中国城市才能在经济和产业升级方面处于一个更为有利的位置，达到预期的经济增长目标。

驱动力六：扩大就业投资能够有效地带动经济的增长。公司的建立和扩张将增加就业机会。中国的城市更新通过商业物业的更新与改造提供了新的就业岗位，例如将废旧工业厂房更新与改造成为办公场所，为高端服务业公司或新创企业提供优质办公空间。近年来，世界上许多城市的市中心就业人数不断上升，而非核心区域就业人口则出现下降。研究表明，大多数人期望他们的生活、工作、购物和娱乐可以集中在同一区域。因此，一些国际大都市正试图实现工作中心和生活中心的合二为一，同时让这些中心变得更具吸引力。中国城市也可以通过更新与改造旧有中心的商业和住宅物业以达到相同的职住平衡的效果。在创新方面，经济学家恩里科·莫雷蒂指出，每个科技岗位可以为不同的支撑性产业创造5个新岗位，包括服务员、匠人和教师等工作岗位。将城市改造成为一个人们愿意居住和工作的地方，能够有效地实现城市就业的增长。

驱动力七：增加税收。政府税收来自于不同的行业和领域，企业税、个人所得税和增值税（VAT）是税收的三大主要来源。城市更新可以帮助当地政府产生大量的税收。通过更新改造，旧有商业物业可以变成对企业和品牌具有吸引力的物业。随着企业和品牌入驻，更新与改造后的物业或周边区域，政府的税收收入能够相应地增加。

驱动力八：清晰高效的利用土地。中国各城市政府积极制定土地利用规划，旨在提供具有前瞻性、清晰、高效的土地利用机制。全面详细的土地利用规划可以使人们清楚地了解未来10年、20年、30年城市空间的发展。这使个人和企业可以更加安心地在这座城市兴业投资。制定一份具有前瞻性的城市土地利用规划可以实现土地资源的高效利用。城市更新和物业改造可以保证每个现有物业和再开发地块实现最优利用，当地社区、商业和居民都将从中获利。

驱动力九：提高城市声誉。一个成功的城市更新和物业改造项目可以大大地提升城市的声誉。城市的声望与居民生活、商业发展息息相关。周密妥善的城市更新和物业改造项目可以让居民对于城市的未来发展保持信心，并确保他们能从城市中持续获益。另外，城市更新让企业在发展过程中也将更加自信。个人和企业将更愿意加大投资，从而为整个城市及其居民带来更多的红利。

（2）投资商/开发商驱动力

很多推动城市更新和物业改造的政府驱动力与公共利益紧密相关。但对于投资者和开发者来说，推动城市更新和物业改造的驱动力往往基于项目的商业可行性以及盈利能力。对参与城市更新和物业改造的投资者和开发商，尤其是商业物业的投资者和开发者而言，租赁表现和投资表现是两个核心的驱动力。

驱动力一：租赁表现。投资者和开发商在考察他们将要更新与改造的长期持有商业项目时，首先应评估的是其产生租赁收入的潜力。而衡量这一潜力，最先需要考虑的因素是地理位置：它是否具有良好的通达性？它离最近的地铁站有多远？若项目位于商务区，该商务区是否活跃？其周边地区的人口结构如何？若是写字楼项目，其周边是否有配套的便利设施？等等。通过这类早期的项目调查，投资者和开发商可以从未来租户的角度更好地了解更新与改造物业的潜在吸引力。如果物业满足了上述所有的关键要素，投资者/开发商通常会对物业实施更新与改造工程。此外，在一个商业物业的更新与改造过程中，投资者或者开发商也要考虑物业对于租户的吸引力。为了保证最佳的租赁情况，商业物业要以长期吸引租户为目的进行更新与改造。以写字楼为例，潜在的办公室租户将决定一幢写字楼是否需要进行改造，或者改造至何种程度：是否用高规格材料、按高标准建造；是否整洁干净；是否绿色环保（环境是否具有可持续性）；是否配备最新的科学技术；底楼是否配置了便利设施；管理是否得当。这些特征将使更新与改造后的物业具有更大的吸引力。不管是现在还是未来，拥有这些特征的更新与改造商业项目都将具有更高的出租率。而这也将使物业能拥有更高的租金溢价……这些因素都能够切实地提高物业的租赁表现。

驱动力二：投资表现。资产价值及其增值潜力是所有投资和开发决策的关键要素。在更新与改造商业项目时更是如此，因为这将决定其投资回报率（ROI）的优劣。投资回报率是投资的收益（或回报）占投资成本的比例。投资者或开发商投资的项目所产生的收益应大于成本。更新与改造项目对投资者和开发商来说是非常好的投资机会，因为这类项目通常以低价出售。而从长远来看，这些物业改造后通常能产生可观的投资收益。图4-9展示的是房地产投资/开发过程中对于更新与改造项目的投资回报率（ROI）具有重要意义的几个阶段。可以看到，在第一阶段投资为正值而收入为零。但是随着时间推移，资产不断优化并开始吸

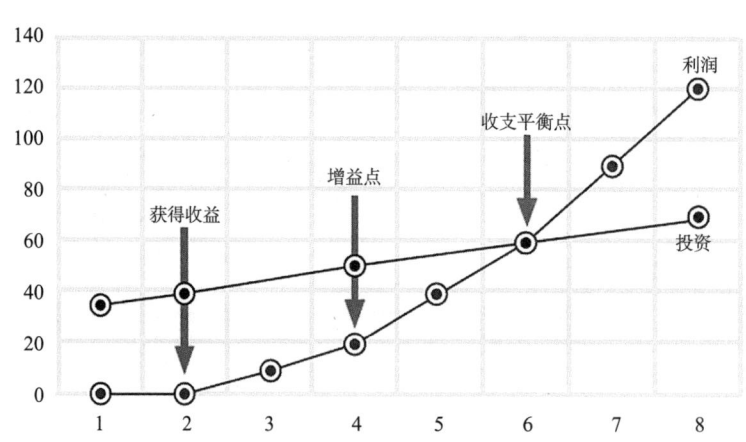

图4-9 商业类城市更新项目投资及收益阶段分析

引租户，在这一阶段投资缓慢上涨的同时收入开始迅猛增长。最终，收入将超过投资，利润开始累计。利润的产生满足了投资者和开发商的投资需求。

（3）租户驱动力

在选择经过更新与改造的商业物业时，潜在的租户会有众多的考虑条件，但是空间成本是最重要的一个方面。其他重要的选址条件还有项目区位、建筑质量（包括竣工、使用材料、采用的技术以及绿色指标等）以及业主提供的服务。这些已经在之前的投资方和开发方的推动因素中提及。更多的推动因素会由于商业物业类型的不同而有所差别。我们将以租赁办公物业为重点，特别地从写字楼租户的角度来考虑成本和其他的推动因素。

推动因素一：空间成本（写字楼租户）。当一家企业在寻找新的办公地点时（在任何一座商业楼宇内，包括更新和改造的项目），空间成本通常是他们需要考虑的最重要因素。租金和其他租赁成本都在决策过程中发挥了作用。影响写字楼的租赁价格的因素有很多，但其中两个突出的因素是物业的区位和品质。如果一个经过更新/改造的优质办公物业地处城市中心位置，并且临近众多其他企业机构，那么该项目的租赁成本将较为昂贵。当许多租户均希望入驻在同一幢物业时，物业的办公空间将面临旺盛的租赁需求。这种集聚效应将有利于租户间的交流合作，并吸引潜在客户和潜在的雇员。如今，智能科技可以帮助降低办公空间的成本。科技能够使员工在远程工作的同时还能保持彼此的联系。并非所有的员工（如销售人员经常需要四处奔走）都需要分配座位。办公桌轮用制能够减小办公空间规模，从而降低在中心位置和高品质的更新与改造物业内办公的租赁成本。

推动因素二：员工工作效率（写字楼租户）。企业寻找新装修的办公空间（在更新与改造后的写字楼内）的另外一个推动因素是员工的工作效率。那么办公空间是如何帮助员工提高产出的呢？员工的工作效率并不总是与其每天在办公室所花费的时间相匹配。幸运的是，新颖的设计和工作环境的优势可以提高员工的生产力。公司可以在办公室的更新与改造中融入创新的现代思想，通过提升办公室的舒适度以及通信水平，使员工获得更好的工作体验。健康、快乐、高效的工作环境不仅使员工受益，也能帮助公司提高生产率。根据研究，11%的生产率增长得益于新鲜的空气，23%生产率提高得益于良好的采光及开阔的视野，当工作者拥有更好的工作环境，功能记忆将提升25%，当拥有良好采光时，工作效率将提高18%。

推动因素三：员工幸福指数（写字楼租户）。员工幸福指数与员工工作效率的推动因素相关。幸福指数综合了员工的身体和心理健康以及工作环境的情况，健康积极的职场环境有助于企业的蓬勃发展。在工作场所或社区增加健康方面的投资，能减少医疗卫生开支，提高生产效率，促进企业茁壮发展。当写字楼租户在考虑员工的幸福指数，并且寻求租用新的或改造后的办公空间时，我们建议参考国际WELL建筑协会的指导方针。为了提高健康和福利产出，帮助员工提高工作效率、参与度、留用率等，公司提出了一个全面的准则。WELL倡导以下七大概念：空气、健康、水、光、舒适、精神、营养。总的来说，通过有效的推行和维护，健康舒适的环境有利于员工发挥自己的全部潜力。因此，经过更新与改造后的办公物业能够凭借最先进的水过滤系统、充足的照明、成熟的室内设计以及其他有助于提升员工幸福指数的方方面面，有效地吸引租户前来入驻。

推动因素四：人才吸引和留用（写字楼租户）。对于许多写字楼租户而言，员工是他们最宝贵的资产。而一个企业通过有效的发展和管理，能够从员工处获得长期的回报。考虑到这一点，写字楼租户如何在一个经过更新改造的写字楼内进行办公空间的设计和装修，并以独特的环境来吸引人才将变得十分重要。如果办公空间绿色环保；拥有最新的办公科技；能够采用街区式办公空间布局及共用办公空间；拥有小组讨论区域、办公桌轮用制度、多种工作环境（安静的区域和活跃的讨论区）；以及不仅为千禧一代提供生活方式延伸的设计空间，还能同时满足各年龄段员工的需求。那么这个办公空间将会受到最优秀人才的高度的欢迎（图4-10）。

（4）资本推动力

长期以来，我国城市更新主要方式以拆除重建、更新后销售、重资产运营为主，与传统的房地产开发适用相同的金融支持体系。随着城市有机更新的发展，原有的这套金融支持体系已无法满足城市有机更新的融资需求，需要进行适应性地调整。

①从对拆除重建型的金融支持转向加大对有机更新的支持力度

从金融支持的角度看，拆除重建型的城市更新项目，与房地产开发的流程类

年长一代
出生于1945年以前,现七十岁及以上

婴儿潮一代
出生于1946—1965年,现阶段年龄为50～70岁

X世代
出生1966—1985年,现阶段年龄为30～50岁

千禧一代
出生于1986—2005年,现阶段年龄大概为30岁及以下

	年长一代	婴儿潮一代	X世代	千禧年一代
工作时重视的方面	质量	长时间	生产效率	做出的贡献
激励因素	安全性	金钱	休假	休假
对公司忠实程度	最高	高	低	低
钱是?	生计	社会地位	达到目的的手段	今天的报酬
重视的东西	家庭/团体	成功	时间	个性

图4-10 工作场所内的不同年龄层

似,能够纳入现有的房地产开发融资体系,需要符合房地产开发融资的相关规定,如信贷、信托融资等需满足的"四三二"条件等;而对于不需要拆除重建,对原有物业重新进行功能定位、升级改造的有机更新型项目,则缺乏一套完整的融资支持体系。随着对城市有机更新重视程度越来越高,城市更新将更多地选择"有机"方式,根据存量物业获取、改造和运营的特点,需要相应的融资体系给予支持。

②从对销售型金融支持转向加大对运营型更新的支持力度

销售型城市更新是指通过收购城市核心地段的物业项目,重新进行设计和更新改造,提升物业价值后通过销售实现前期投资的退出。在缺乏持有型基金的情况下,销售特别是散售,有利于城市更新企业快速收回前期投资,实现盈利。但由于项目出售后分散在多个持有者手中,往往不利于后期的整体运营,在某种程度上对物业价值产生负面影响。

运营型城市有机更新需要企业具备专业的运营能力,通过专业化的运营实现盈利。运营型的城市更新项目有长租公寓、共享办公等。运营型的有机更新往往通过两种方式解决物业获取问题：一是与投资商或股权基金合作，由其持有物业，运营商进行专业化的运营，通过专业化的运营和服务，提高物业租金，进而提升物业价值，为投资人获取回报；二是利用长租方式获取物业，企业通过运营和服务提升租金，赚取租金差价和服务费。目前，需要发展持有型基金和长期租赁的融资安排，解决运营型城市更新项目资产获取和改造的资金需求。

③从对重资产运营的金融支持转向加大对轻资产运营型更新的支持力度

我国城市有机更新领域正在越来越关注轻资产运营模式。轻资产模式的核心理念是用最少的资金（或者最轻的资产）去撬动最大的资源，赚取最多的利润。轻资产模式下，将重资产和非核心业务转让或外包出去，主要利用企业的经验、规范的流程管理、资源获取和整合能力、企业的品牌、人力资源、企业文化等运营，依靠输出品牌、输出管理扩张。轻资产模式可以获得更强的盈利能力、更快的扩张速度与更持续的增长力。城市有机更新是对城市旧有资产进行更新改造，目标物业一般位于城市核心位置、资产价格普遍较高，更新项目对资金的需求量巨大。而我国城市更新长期以来更多地采取重资产运营模式，现有金融支持更多地适应重资产运营，随着城市有机更新越来越多地采取轻资产运营方式，需要加大相应的金融支持力度。

根据我们的研究结论，城市更新领域的轻资产运营主要包括四种类型：①长期租赁型是指通过长期租赁方式获取房源，加以改造装修后对外出租，同时提供增值服务。②基金持有型是指由基金持有重资产，由专业化运营企业负责实施有机更新和开展运营管理。③联合开发型是指城市更新运营企业与资产方或是资金方成立合资公司，通过资源整合和专业运营获取资产增值带来的股权收益，同时获得资产托管费等。④品牌输出型是指更新运营企业通过提供城市更新全过程的、系统化、品牌化投资开发服务，按约定比例分享更新项目的经营收益。其中，特别是长期租赁型和基金持有型缺乏相应的资金支持渠道。

（5）建造商驱动力

①GIS技术在旧城改造中的应用

旧城改造是一个牵涉面很广的系统工程，相关管理单位在工作中需要各种信息。开发旧城改造GIS系统可以将旧城改造工作中需要的各种信息如改造范围、地形、建筑、房屋权属、土地、相关规划方案等进行数字化处理，同时与有关的文字信息如经济情况、人口资料、土地权属等相结合，实现以地理数据为基础，对旧改工作中需要的图形数据和文字属性数据进行叠加显示、查询和分析，通过建立统一的综合应用系统，实现所有资料的动态管理。

GIS是计算机科学、地理学、测量学和地图学等多门学科的交叉学科，作为计算机技术在地理方面的一个应用分支，计算机技术的任何发展变化都会带来GIS技术的进步。在开发过程中，尝试将Client/Server结构、组件式开发和虚拟VPN三种计算机技术引入旧城改造GIS系统中，以实现旧城改造中图形和文字信息的交互式查询和分析，从而提高旧城改造的工作效率。

②地下综合管廊施工技术

近年来城市化的进程加快，在旧城改造或扩建的时候就需要在地下进行管道的敷设，减小施工难度，这样就能够节约施工成本，加快施工进程，地下管廊施工技术代表施工技术的进步。地下综合管廊施工就是把以前涉及的给水排水、电力、排气等管道集中在一起，进行集中管理。

地下管廊施工技术是为了能够集中管理城市内部的各种管道。在城市里管道的建设能够节约空间，解决修理管道困难的问题，过去在没有管廊施工技术的时候，就需要在地表把公路破开，再进行修理。这样的修理办法不仅加大了修理难度，更加剧了城市道路的交通问题。在城市内部的地下对整个城市的电力、电信、燃气和给水排水等管道根据设计的需要整合在一起，进行集中管理，这样能对城市内部进行科学的管理。

③古建保护的整体平移技术

世界各国城市与乡镇，随着建设与发展，其总体规划不免进行修编与改变。诸如旧城改造、拓宽道路、兴建地铁、整合区域功能、建设大型设施等都会涉及历史性建筑的保护；建筑整体平移就是留存这些建筑的一种切实可行的好方法。保持原建筑完整性、可用性和保留其历史风貌不变的前提下，将其由原址迁移到新址，不仅使迁移后的建筑能够满足和适应城市及乡镇的规划、设计、市政等方面的要求，还不会对建筑物整体结构造成损坏，而且采取必要的加固补强措施。它是保护文物建筑、善待文化遗产的有效方法之一。

④蓝屋顶技术在旧城改造中应用

蓝屋顶是指在屋顶上采用各种限流措施，如提高排水口高度、设置限流孔、溢流堰等措施对屋面雨水径流临时滞留或对少量雨水进行暂时储存，从而延缓屋面雨水径流进入排水管道的时间，降低雨水的尖峰径流量，延长雨水的下渗时间。蓝屋顶可以使屋顶与地面间的传输设施以及地面的收集或者下渗系统相结合。转输设施主要是指落水管，收集设施是指蓄水池或者集水箱，而下渗系统主要是高位花坛、草坪等可渗透性绿地。

当前大部分的屋顶降雨时，雨水降落到屋面后，直接进入屋面的排水管，再由排水管进入城市的排水管道，最终汇流入最近的河流中，这就加大了河流洪峰流量，这种排水方式是不可控的。而蓝屋顶主要是采用一系列的限流措施或存储措施实现雨水的可控排放或暂时存储，从而减少屋面雨水对下游河道等产生的压力。而采用不同技术的蓝屋顶，其调蓄的原理也有所不同，结合NYCDEP蓝屋顶采取的技术措施，可以将蓝屋顶分成三种形式，即限流器式蓝屋顶、溢流堰式蓝屋顶、托盘式蓝屋顶。

⑤修建技术为旧城市改造服务

20世纪70年代以来，在居住拥挤、设备条件差的旧式住宅中，居民最关心的是改善拥挤及居住生活条件，单纯的全项目房屋大修（不进行、少进行改善工作）越来越不满足居民的需要，有些保养性的必要修理，有时也不易正常地进行。因此造成修理工程投资增大，经济效益不高，整治效果也不理想的局面，这种现象促使房屋修缮工作者思考改进修理方法和内容，得出的结论就是房屋大修必须结合改善和改造。

在房屋大修中，适当调整旧式住宅室内外可利用的空间，如屋顶山头晒台阳台、宅前宅后等处，采取各种技术措施，如开门开窗、增搁搭建、升高屋面、搭过街楼等，因房因地制宜地进行升、抬、搭、隔、放进而增加了使用面积。虽然这类措施会带来通风采光、居住干扰，甚至对洗晒、烧、浴等居住功能的影响，但能就地解决一些困难户的拥挤程度。所以在目前，还是受到居民的较大欢迎。在这些局部改善、改造工作中，房管技术人员创造了一系列的简便结构措施和一些简易新结构以及一些建筑布局手法，使旧住宅的基地、结构、建筑空间的潜力开发出来，为居住服务。

近年来，上海市的旧房改建工作不断进展，每年有数万户居民受益。1980年上海住宅科研所在南市区进行旧里改造试点工程，对旧住宅内部结构及建筑布局、设备增设等作了相应地改造，取得了可喜的成果，使旧房改造技术逐渐完善，成为房屋修建专业技术中重要内容之一。

⑥既有建筑节能改造技术

A.既有公共建筑节能改造技术

既有公共建筑节能改造技术主要包括外门窗改造技术、遮阳系统改造技术、外墙节能改造技术、屋顶节能改造技术、空调系统节能改造技术、照明及供电设备节能改造技术、生活热水系统节能改造技术等。

能改造项目的能耗指标应明显高于当地平均水平，且10年之内不会被拆除。政府和事业单位办公用房应积极进行节能改造。改造类型的确定应因地制宜，围护结构节能改造与机电系统节能改造并重，各项改造的静态投资回收期不超过10年。节能改造所使用的外门窗、外遮阳设施、外墙和屋面的保温材料应质量可靠，鼓励选用列入推广目录的产品。

B.既有居住建筑节能改造技术

既有居住建筑节能改造技术主要包括外门窗节能改造技术、遮阳系统节能改造技术、外墙节能改造技术、屋顶节能改造技术等。

既有居住建筑节能改造技术原则：（a）因地制宜，合理适用。在充分考虑地区气候特点、建筑现状、居民用能特点等因素基础上，确定改造内容及技术路线，优先选择投入少、效益明显的项目进行改造。（b）窗改为主，适当综合。改造内容应以门窗节能改造为主，具备条件的，可同步实施加装遮阳、屋顶及墙体保温等措施。（c）统筹兼顾，协调推进。改造应根据地区实际与旧城更新、城区环境综合整治、平改坡、房屋修缮维护、抗震加固等工作相结合，整合政策资源，发挥最大效益。

4.6 产城融合能力研究

（1）城市产业发展模式

城市更新是将城市中已经不适应现代化城市社会生活的地区作必要的、有计划的改建，同时保存城市传统建筑文化风格的过程。也是在一线城市建设土地收缩的背景下，城市产业转型升级的机会点（图4-11）。

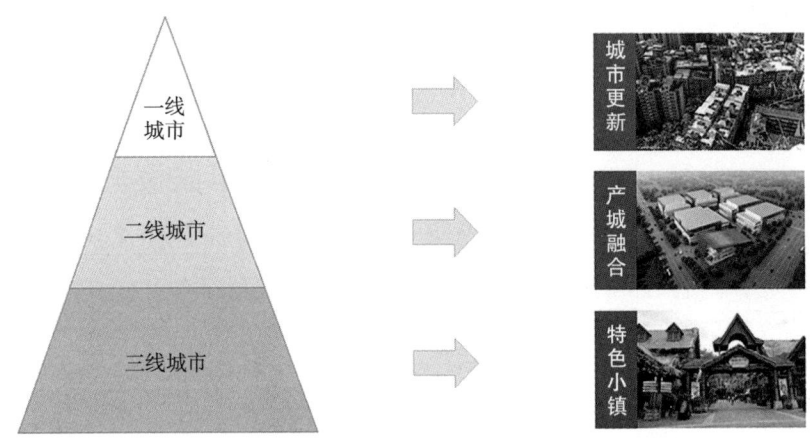

图4-11　城市产业发展模式

第一类：全面拆迁重建。即按照城市更新单元规划，成片区拆除符合改造条件的建城区，包括旧工业区、旧商业区、旧住宅区、城中村及旧屋村等，并根据城市新规划进行建设。在这一过程中，土地所有权、使用权主体可能发生变更，土地用途可能发生变化。而拆除后的土地多以协议出让和"招拍挂"方式出让。我国此前多数旧城改造均采取这一模式。

第二类：部分重建。即在符合产业布局规划条件下，满足产业转型升级要求，进行部分重新建设，其中土地使用权主体不改变，也可保留建筑物原主体结构，但改变部分或全部建筑物使用功能。这类更新模式主要运用于产业升级地块，由土地使用权人申请后，补缴地价，再进行重新建设。通过部分重建重新使地段变好，使效益低下的产业地块重新焕发出活力，建筑物与周边的环境更加具有协调性、与内部的使用需求具有更高的匹配性。

第三类：综合整治。即在基本不涉及房屋拆建项目，通过整治改善、保护、活化、完善基础设施等更新，包括沿街立面更新、环境净化美化、公共设施改造等，这类更新主要由政府制定方案并组织实施。企业在这一过程中能够通过购买政府服务方案获得相应的业务，但对开发企业来说，该模式并非主要。

工业聚集区：主要通过改变用途进行城市更新。

一线城市在经过数十年的经济发展后，产业结构持续升级，第三产业占比早已超过60%，金融业、互联网等已成为主导产业，早先建成的各类存量物业，有相当一部分体量与城市产业结构不相匹配，政府在控制增量的同时更应该去思考非住宅物业资源的有效盘活。

另外，北京、上海、深圳目前仍保留了大量工业用地，存量工业用地的占比远远高于国外城市，这显然不符合大城市未来的产业结构需要，无论是由政府主导还是由土地拥有者主导，盘活现有存量工业用地均可缓解供地紧张问题。

（2）产城融合阶段（图4-12）

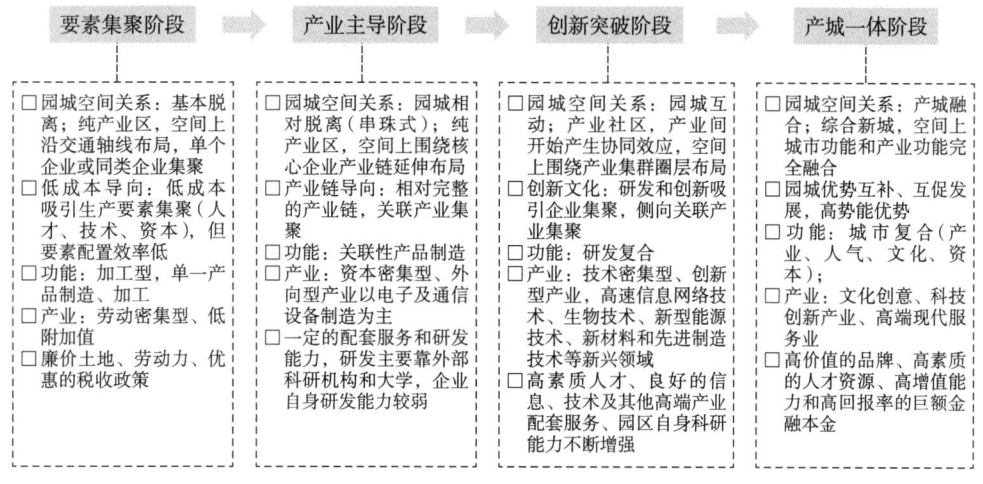

图4-12　产城融合阶段

（3）产城融合三要素

产城融合三要素分别是指：产业结构、空间结构、社会结构三大结构的融合。其中：

①产业结构的融合

产业结构的融合是指园区在产业组织过程中，要结合主导产业的不同需求及特点，既要配备与生产紧密结合的生产性服务业，又要配套与居民生活息息相关的生活性服务业，形成网络化产业关联结构。

②空间结构的融合

"城市规划大纲"提出城市规划的目的是促进居住、工作、游憩与交通四大功能活动的正常进行，这些功能区相互交织，形成网状系统。产城融合将产业的不同空间需求与城市的不同功能区作为彼此联系的网络空间单元，构建起产业复合、职住平衡、服务配套和生态宜居的空间组织方式，从而达到让居民在不同的城市空间单元中就近就业、购物和休闲的目的。

③社会结构的融合

社会结构的融合是指产业园区内居民的教育结构、从业结构和消费结构相互匹配，并与产业结构、空间结构相协调。产城融合的核心是促进居住和就业的融合，产业结构决定就业结构。就业结构直接影响居民收入水平，不同的收入水平使得消费结构具有明显的层次性，并导致社会服务需求的差异化，进而反过来促进产业结构的调整与优化，因此城市的居民是否与当地就业需求相匹配成为促进产城融合的基础。

（4）产城融合实现模式

产城融合，以城市为基础推进，是在不断完善其功能的过程中，不断为产业高速发展、升级换代提供空间载体。与此同时，产业形成保障，驱动城市更新和完善服务配套，从而达到产业、城市、居民三者之间协调发展模式；以产业为基础推进，则产业先行，以创新驱动为核心，整合市场主体所需要的各种生产要素，优化资源配置，将之转化为现实生产力，在城镇化过程中实现产业高端化。

①新旧城市建设改造型

通过建设新城，打造高水平城市设施和产业配套功能，吸引高端产业进驻，实现"筑巢引凤"。目前我国许多城市都在打造新城，许多城市推出商务商贸、创新创业、生态宜居等功能定位，先期完成教育、医疗、金融等机构建设，以优质城市功能形成人口集聚，进而形成产业集聚。许多城市旧城改造，在保留历史景观基础上，提升城市功能，以文化等配套手段吸引企业投资，进而吸引高端产业。这两种类型都以城市为出发点做"产城融合"文章。在辽宁沿海经济带开发开放国家战略实施以来，辽宁沿海经济带上各个节点城市都积极推动新区建设和老区改造规划，并成功吸引国内外高端产业进驻投资，如大连多个沿海区市县就是典型的以城带产模式，成为高端商务、金融机构、企业总部、专业服务的集聚区。

②工业园区补充功能型

无论是开发区还是高新区，在着力提升研发、创业等科技产业功能的基础上，大力发展生活配套等服务功能，不断提升自身"档次"，将自身从单一的制造产业区转型提升为生产生活多元功能新城。安徽宣城宁国经济技术开发区，是这一模式的典型。宁国经开区在狠抓招商引资、项目强化、城建突破等活动同时，不断完善开发区的配套设施建设，加快推进教育卫生、公共交通、住房保障、融资平台、现代物流等要素向园区聚集，促进从单一工业园区向产城一体化转变，全面提升园区承载能力，着力将开发区建设成为工业、商业、教育、娱乐休闲等多位一体的工业新城、城市新区。目前，这里有"五纵五横"的路网结构、畅通如意的通信设施、安全充裕的供水供电系统，有可容纳近2000名学生就读的小学，有休闲健身公园，有供人才居住的舒适社区，有3000m²农贸市场。

③中心城镇"提档升级"型

在具备一定人口和土地资源的中心城镇，大力发展产业功能和城市功能，向新型城市发展实现产城融合，这种模式在我国也随处可见，如成都天府新区就是以区域内各中心城镇为基础实现产城融合发展而来。在本地人口和外来人口形成人口聚集的基础上，使中心城镇成为天府新区建设的载体，以此打造现代制造业为主、高端服务业聚集、宜业宜商宜居的国际化现代新城区。天府新区共划分为35个单元，每个单元是实现产城融合的基本单位。这里的"产城一体单元"包括职住平衡、功能复合、配套完善、绿色交通、布局融合五大特征。区域内实现生产、居住、交通、游憩功能一体化发展，在中心城镇基础上转变原有功能分区带来的产业布局和城市功能隔离，同时在制造研发类单元内，增配商务、会议、宾馆等生产性服务设施。

④域内城市合作共建型

这种模式一般以国家级区域经济发展战略为依托，在区域内实现两个或多个城市合作打造产业新城，实现产城融合。如打造沈阳经济区提出后，随着高铁等基础设施建成，在其一小时城市圈内多个城市开始联手打造产业新城，如沈抚新城、沈溪新城、沈铁新城等，这给产城融合带来全新的发展模式。如沈抚新城就选址沈阳与抚顺两座大城市之间，打造承接沈阳、抚顺两大老工业基地结构调整、产业升级的产业新城，进而成为"沈阳经济区两化融合示范试点基地"。两地还在并在产业定位上，体现差异化和智能化，实现错位发展，使之成为"沈阳经济区产业发展智能中心和服务中心"。

4.7 房企产城融合能力研究

（1）整合能力：企业是否具备行业产业资源，多元化企业是否能整合自身资源形成产业优势，产业资源单薄房企是否已经找到产业合作伙伴（图4-13）。

（2）研究能力：企业是否储备了产业研究能力的专业人才资源，如恒大聘请任泽平为恒大首席经济学家（图4-14）。

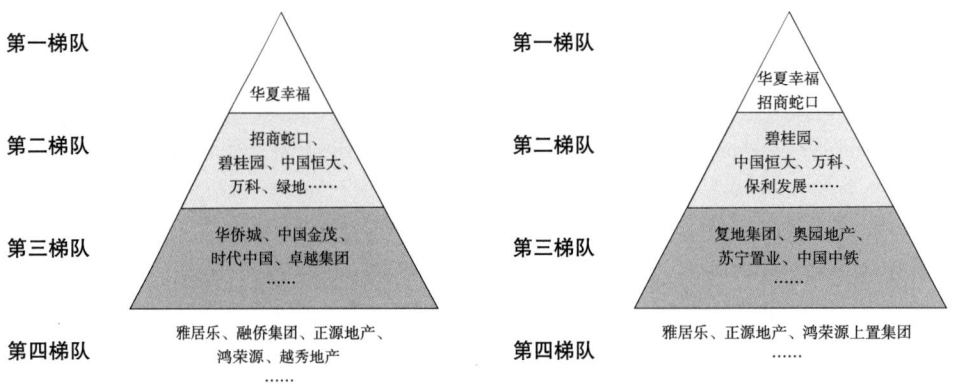

图4-13　房企整合能力分级　　　　　　图4-14　房企研究能力分级

（3）实践能力：企业布局了哪些产业资源，有哪些成功的产业案例（图4-15）。

（4）融合能力：企业理论实践体系是否完整，能否大规模扩展（图4-16）。

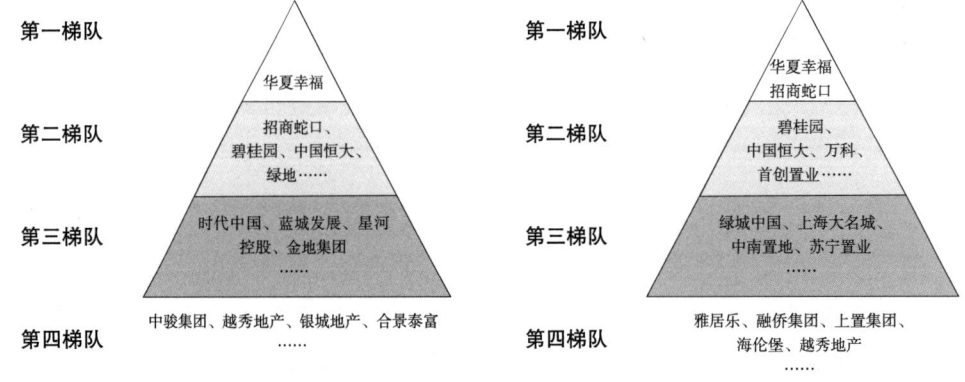

图4-15　房企实践能力分级　　　　　　图4-16　房企融合能力分级

5

城市更新路径

5.1 城市更新的性质

城市更新的性质可以从目标、对象选择、手段选择和过程四个方面来阐述。

（1）从目标方面：城市更新是城市计划主动创造良好的城市环境的一环。换句话说，城市更新的行动目的和都市计划的本意皆在经营一个好的都市环境。

（2）从对象选择上：城市更新是对城市中既成地区不良环境的改造行动。一般会以城市中心丑陋地区为城市更新的对象，其实它往往只是比较急迫需要更新的而已，其他凡是不能令人满意的环境，都应是城市更新的对象。

（3）从手段选择上：城市更新并非一成不变仅限于重建、整建、维护这三种实质层面的行动，凡是能改善既存不良环境的手段，均可能被采取。此外因为城市环境不只指实质环境，还包含不可分的心理、社会、文化的成分，因此在手段的选择上必须是个案处理。

（4）从过程来看：城市更新是没有极限、持续不断进行的过程。只要城市继续成长，新的环境变化信息不断输入，城市更新便会不断进行。

5.2 城市更新的方式

城市更新的方式可分为再开发（Redevelopment）、整治改善（Rehabilitation）及保护（Conservation）三种。

（1）再开发

再开发的对象是指建筑物、公共服务设施、市政设施等有关城市生活环境要素的质量全面恶化的地区。这些要素已无法通过其他方式使其重新适应当前城市生活的要求。这种不适应，不仅降低了居民的生活品质，甚至会阻碍正常的经济活动和城市的进一步发展。因而，必须拆除原有的建筑物，并对整个地区重新考虑合理的使用方案。建筑物的用途和规模、公共活动空间的保留或设置、街道的拓宽或新建、停车场地的设置以及城市空间景观等，都应在旧区改建规划中统一考虑。应对现状作充分的基础调查，包括该地区自身的情况以及相邻地区的情况。重建是一种最为完全的更新方式，但这种方式在城市空间环境和景观方面、在社会结构和社会环境的变动方面均可能产生有利和不利的影响。同时在投资方面也更具有风险，因此，只有在确定没有可行的其他方式时才可以采用。

（2）整治改善

整治改善的对象是建筑物和其他市政设施尚可使用，但由于缺乏维护而产生设施老化、建筑破损、环境不佳的地区。对整治改善地区也必须做详细的调查和分析，大致可细分为以下三种情况：①若建筑物经维修、改善和更新设备后，尚可在相当长的时期内继续使用的，则应对建筑物进行不同程度的改建。②若建筑物经维修、改善和更新设备后仍无法使用，或建筑物密度过大，土地或建筑物的使用不当，或因土地或建筑物的使用不当而造成交通混乱、停车场不足、通行受到影响等情况时，则应对造成上述各种问题的原因通过各种方式予以解决，如拆除部分建筑物、改变建筑和土地的用途等。③若该地区的主要问题是公共服务设施的缺乏或布局不当时，则应增加或重新调整公共服务设施的配置与布局。整治改善的方式比重建需要的时间短，也可减轻安置居民的压力，投入的资金也较少，这种方式适用于需要更新但仍可恢复并无须重建的地区或建筑物。整治改善的目的不只限于防止其继续衰败，更是为了全面改善旧城地区的生活居住环境。

（3）保护

保护适用于历史建筑或环境状况保持良好的历史地区。保护是社会结构变化最小、环境能耗最低的"更新"方式，也是一种预防性的措施，适用于历史城市和历史城区。历史地区保护更多关心的是外部环境，强调保护延续地区居民的生活。所以要保护好历史城区的传统风貌和整体环境，保护真实历史遗存，就要鼓励居民积极参与，建设和改善地段内的基础设施，改善居民住房条件以适应现代化生活的需要。保护除对物质形态环境进行改善之外，还应就限制建筑密度、人口密度、建筑物用途及其合理分配和布局等提出具体的规定。以上虽然可以将更新的方式分为三类，但在实际操作中应视当地的具体情况，将某几种方式结合在一起使用。

5.3 旧城改造流程

旧城改造流程主要分为以下四个阶段：前期准备阶段、搬迁实施阶段、土地拍卖阶段及开发建设阶段。

（1）前期准备阶段

前期准备阶段主要包括项目的立项、评审及复审等一系列流程，详细如下：

①旧改办公室前往地块现场勘查，确定是否符合旧改条件，如需进行危房鉴定，到区危指办申请危房鉴定。

②街道办对将要改造的地块进行摸底调查，确定搬迁地块的户数及面积，并征求拟被拆迁范围内单位与户主的意见。街道办将摸底调查情况整理后报区旧改办。

③投资方与旧改办签订投资整理协议。

④区旧改办向区政府提出申请，经区政府同意将地块纳入旧改批复文件。

（2）搬迁实施阶段

搬迁实施阶段直接关系到拆迁户的切身利益，是旧城改造过程中最复杂、也是最为关键的阶段，主要内容如下：

①投资方与区旧改办签订委托搬迁工作协议，明确搬迁过程中双方的责权利关系。

②投资方、旧改办、银行共同签订资金监管协议。

③旧改办依照法定程序确定搬迁代办公司。

④由区旧改办编制搬迁维稳评估报告，街道办编制搬迁维稳方案，投资方按照搬迁评估维稳风险等级向区财政缴纳维稳基金。

⑤区旧改办、投资方和搬迁代办公司共同拟定搬迁补赔偿安置方案。

⑥召开搬迁动员大会，由住户代表在大会现场抽取评估公司，邀请公证人

员做现场公证。

⑦若搬迁户对房屋实际面积和权证面积存在异议，搬迁户可提出申请，旧改办组织测绘单位对搬迁房屋实际面积进行测量。

⑧在评估公司出具拟搬迁房屋评估价格后，区旧改办和投资方共同明确搬迁安置方案。

⑨将旧城改造批复、搬迁公告、安置方案、补赔偿安置协议（空表）、评估报告等在搬迁现场公示上墙。

⑩带方案进行模拟搬迁，入户签订模拟搬迁安置协议。若在模拟搬迁期限内，签约率达到100%，则所签模拟搬迁安置协议正式生效；若在模拟搬迁期限内签约率达不到100%，则终止模拟改造搬迁，所签搬迁安置协议自动终止。

⑪模拟搬迁安置协议正式生效后，投资方向区旧改办缴纳按时安置返迁户保证金。

⑫正式开展发放补赔偿款工作。

⑬搬迁住户向旧改办移交腾空房屋。

⑭搬迁代办公司对搬迁房屋进行拆除、打围平整、产权销户等。

⑮审计单位对搬迁项目进行审计。

（3）土地上市拍卖阶段

土地拍卖阶段主要是指土地的招标与评标阶段，主要目的是确定开发商，详细如下：

①区旧改办向国土局申请国土证销户。

②区旧改办向市土地拍卖中心提出土地拍卖申请。

③市土地拍卖中心分别向市规划、国土、文化、电业等有关部门发函要求出具如下土地拍卖相关文件：

A.面积计算（市规划勘察设计院）；

B.地籍前置调查（市地籍调查中心）；

C.红拨、界址点成果表（市规划勘察设计院）；

D.红线图（市规划局）；

E.规划设计条件通知书（市规划局）；

F.文物勘探（市文化局）；

G.电网配套方案（市电业局）；

H.地籍前置调查（市地籍调查中心）；

I.起始价评估（市地籍调查中心）；

J.搬迁安置审查（市征地事务中心）。

④与市土地拍卖中心商议土地起拍价和上市拍卖条件。

⑤由市土地拍卖中心上会（土地供应会）审批，并根据旧城改造土地上市条件的要求，制定上市拍卖标书（带返迁设计条件）。

⑥区旧改办与土地拍卖中心签订土地上市工作责任协议（带详细拍卖内容、条件）。

⑦市土地拍卖中心在拍卖开始日前30日发布公告，公布拍卖出让宗地的基本情况和拍卖的时间、地点。招标拍卖挂牌公告应当包括下列内容：

A.出让人的名称和地址；

B.出让宗地的位置、现状、面积、使用年期、用途、规划设计要求；

C.投标人、竞买人的资格要求及申请取得投标、竞买资格的办法；

D.索取招标拍卖挂牌出让文件的时间、地点及方式；

E.招标拍卖挂牌时间、地点、投标挂牌期限、投标和竞价方式等；

F.确定中标人、竞得人的标准和方法；

G.投标、竞买保证金；

H.其他需要公告的事项。

⑧公司索取土地出让文件，招标拍卖挂牌出让文件主要包括招标拍卖挂牌出让公告、投标或者竞买须知、宗地图、土地使用条件、标书或者竞买申请书、报价单、成交确认书、国有土地使用权出让合同文本。

⑨报名及缴纳竞买保证金，报名所需资料：报名表、法人代码证书、企业法人营业执照、法定代表人证明书及身份证、资质证书等。

⑩根据土地出让的方式（注：商业兼住宅可挂牌，住宅兼商业或纯住宅必须拍卖）、竞买人数等确定竞价的策略。

⑪公司竞得土地后办理成交确认手续，签订土地成交确认书，土地成交确认书应当包括出让人和中标人、竞得人的名称、地址，出让标的，成交时间、地点、价款，以及签订《国有土地使用权出让合同》的时间、地点等内容。成交确

认书对出让人和中标人、竞得人具有合同效力。

⑫ 开发商竞得土地之后，根据成交价格向市土地拍卖中心缴纳服务费。

⑬ 开发商向市地税局缴纳拍卖总价3%的契税，并与市国土局签订《国有土地使用权出让合同》后，按土地成交价格的50%缴纳土地款给市国土局，经市财政局收取土地成交价的5%的耕保基金和社保基金后，市国土局将余额返还区财政局。区旧改办收到投资方的返还土地整理成本申请后，上报区政府审批。审批后区财政局按土地整理成本的50%（已含资金成本）将资金返还投资方。

⑭ 开发商与市国土局签订土地出让合同2个月后，按土地成交价格的20%缴纳土地款给市国土局，经市财政局收取土地成交价的5%的耕保基金和社保基金后，市国土局将余额返还区财政局。区旧改办收到投资方的返还土地整理成本申请后，上报区政府审批。审批后区财政局按土地整理成本的20%（已含资金成本）将资金返还投资方。

⑮ 开发商与市国土局签订土地出让合同6个月后，按土地成交价格的30%缴纳土地款给市国土局，经市财政局收取土地成交价的5%的耕保基金和社保基金后，市国土局将余额返还区财政局。区旧改办收到投资方的返还土地整理成本申请后，上报区政府审批。审批后区财政局按照拍卖土地用途基准地价的20%提取土地出让金、扣除相关的必要税费后，再将30%土地整理成本的剩余部分返还投资方。

⑯ 区旧改办按照搬迁总成本的一定比例作为投资回报，回报给投资方。

（4）开发建设阶段

根据旧城改造对象的不同，可将旧城改造分为城市中心区改造、棚户区改造、城中村改造、历史文化区改造、工业集聚区改造、旅游度假区改造、港口码头改造。我国比较常见的类型主要是前五种。一般来说，旧商业区、具有旅游价值的历史文化保护区处于城市核心地带，土地价值较高，因此这类改造大多由开发商主导、利益驱动；棚户区、旧工业区、城中村改造一般改造成本大于土地收益，因此大多由政府主导。根据旧城改造的盈利程度不同，社会融资的模式和渠道也不同。

①城市中心区

在城市经济发展的推动下，城市中心区市政配套和功能结构一直处于更新与再开发之中，所以城市中心往往成为旧城改造的重点区域。中心旧城区内通信、供水、供电等基础设施非常完备，学校、医院、金融和商店等配套设施也相对集中，并且城市中心区拥有核心区位与交通枢纽优势。但劣势在于建筑密度大、公共绿地少、生活环境质量差、停车场以及停车泊位少等。

城市中心区改造存在的一系列矛盾，诸如商业活动减少、居住环境恶化以及周末和夜晚成为死城等，是开发企业无法回避的难题。由于拆迁成本与容积率的要求，城市中心改造需要边际利润更高的商业项目，但开发企业不能一味地追求经济效益，对承接大面积旧城改造的企业而言，需要注意改造区域内的功能调节。

②棚户区

棚户区通常位于城区的中间圈层，是早期规划短视的产物，由于历史原因，棚户区内集中了居住、商业、工业、市政设施等多种土地类型，道路狭窄、建筑密集，区域内人口购买层次低，无力承担改善居住置业的成本，且区内工业以小型企业居多，拆迁难度大。

③城中村

城中村是近50多年来因城市扩展所包围的原城边村居。所以许多城中村一般仍有集体经济与行政合一的组织机构，建筑杂乱密集。由于二元体制的惯性，这种"都市中的村庄"仍旧实行农村管理体制，因此在建设规划、土地利用、社区管理、物业管理等方面都与现代城市的要求相距甚远，甚至出现管理上的真空。近年来，北京、深圳、珠海、广州、南京、杭州、西安等大城市的城中村改造都已纷纷启动。

④历史文化区

每个城市都有自己的历史文化遗址，比如北京的四合院、西安的钟鼓楼、南京的夫子庙、黄山的屯溪老街等。城市历代古城建筑真实地记录了城市个性的发展和演进，是城市不可再生的宝贵资源，也是城市底蕴和魅力所在，更是城市竞争优势的关键因素之一。然而早先的开发改造规划由于对其风貌保护不够重视，导致城市历史濒临绝迹。例如在旧城改造的实施过程中，许多古城门和城墙因为被定位于阻碍城市交通发展而遭到拆除；或者为了单纯的经济效益而盲目改建，例如大量私家园林被改造成高级招待所。对城市古建筑、历史街区进行的大拆大建，其实质无异于杀鸡取卵，损害的不单是开发企业的长期利润，更是一个城区的人气与商业竞争力。

⑤工业聚集区

在每个城市的发展过程中，工业企业的布局因为城市规模增大、城市功能调整而变得不再合理。从国外工业化城市发展的历史来看，几乎都经历过工业厂房的调整改造。由于工业区产权结构与建筑结构简单，且容积率较低，拆迁量相对住宅片区要小很多。此外工业区供电、供气、给水排水设施的容量优于普通住宅，所以工业区改造往往免除大规模的市政投入。

从PPP看旧城改造，其核心和重点在城市运营，过去以大拆大建为主，是因为重建设、轻运营，这带来很多问题。PPP的优势就在于能够长期持续地解决城市发展、更新过程中出现的各种问题，化解各种风险，并且有企业参与的城市运营将会更注重城市的盈利能力，对促进城市活力和提升创新程度有正面作用。

旧城改造是一个系统工程，其目的是追求经济效益和中长期社会效益的平衡，投资规模通常都以十亿元甚至百亿元来计算。单凭地方政府财力进行旧城改造压力很大，因此，政府会通过制定积极的激励政策吸引私人机构参与旧城改造PPP。

在政府层面，旧城改造PPP能保障资金来源，缓解政府的财政压力。参考国内外旧改融资经验，目前PPP是国内外常见的旧城改造主要资源。虽然目前我国新型的融资模式已经逐渐多样化，并且也在某些旧改项目中予以应用。但是由于政策不明朗、成功案例有限，我国旧改项目还是以银行贷款融资和土地出让融资为最主要的融资模式；再者旧城改造类项目公众参与程度偏低，房地产企业仍是旧改项目的主力军之一，旧改的融资模式创新不足。寻求一种基于公共部门、私人开发商以及社区居民等多目标、多中心的旧城改造的合理融资模式成为当前我国旧城改造的重要任务。因此，融合社会、经济及文化等多层次目标为一体的PPP模式就成为我国旧城改造工程的一个重要选择。

在推进城市治理现代化层面，旧城改造PPP有利于政府在城市治理工作方面形成科学决策、持续发展的新常态。通过PPP将社会资本的市场经验和高效率管理带入旧城改造过程中，有利于提高旧城改造工作效率和绩效水平。因此，旧改项目采用PPP模式是目前最优选择。

在促进旧城改造健康发展层面，由于政府认为开发商往往将经济效益作为旧城改造的首要甚至唯一出发点，导致受旧城改造影响最大的旧城居民容易被忽视，城市文化遗产、城市肌理易被破坏，由此会带来各种长期的后续的社会问题。而政府和社会资本合作既能保证旧城改造必要的专业化程度和工作效率，又能保证其根本的公益性。因此，PPP会成为政府对公司的硬性要求。

在旧城改造风险控制层面，旧改PPP参与各方重新整合，组成利益共同体，对改造运行的整个周期负责，合作中共担风险和责任，社会资本分担了原先由政府（包括村镇集体）承担的风险，减轻了政府的风险成本。

▍5.4 城市更新理论模型

（1）"七图叠加"理论背景——信息鸿沟制约城市更新发展

在经济进入新常态、城镇化深入推进、土地集约利用不断强化的背景下，中国的城市更新注定将成为推动经济新旧动能转换的重要力量，同时也将深刻地改变城市的经济社会格局。相较于欧美发达国家，中国城市更新的实践刚刚起步，仍面临着诸多问题。中国房地产数据研究院课题组直接参与了部分城市更新的实践，并研究了大量的相关案例，我们发现由信息鸿沟导致的资源不匹配是制约中国城市更新发展的主要瓶颈，具体表现为：一是市场主体无法充分领会政府意志，经常出现开发商有意愿、有热情而政府不认可，或是政府有规划而开发商不知情的情况；二是市场资源难以有效匹配，一方面是部分存量土地资源闲置或低效利用，另一方面则是新兴产业缺少发展空间、开发商难觅投资机会。

（2）"七图叠加"理论模型——破解城市更新瓶颈之道

针对中国城市更新实践的信息鸿沟问题，中国房地产数据研究院课题组通过对全球城市更新理论与实践的深入研究，并结合自身多年参与城市更新实践的丰富经验，首次正式提出了城市更新的创新理论——"七图叠加"理论。"七图叠加"理论是指，在完成绘制一座城市的土地现状图、城市总规图、产业规划和产业链带动图、权利人属性图、未来前景图、企业资源禀赋图、政策路径实现图等七张图的基础上，运用最新的大数据技术有机整合七张图中的全部信息，并对图中的土地、产业、企业、规划政策等资源实现自动匹配，从而为城市更新利益相关方提供有效的指导与服务（图5-1）。

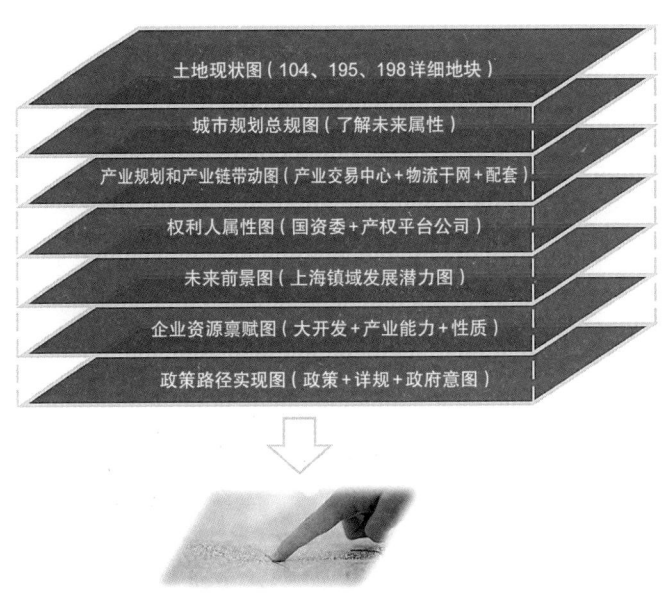

图5-1 "七图叠加"理论模型

①土地现状图

土地现状图具体反映了城市中每一块地块的土地性质和利用现状。例如通过上海的土地现状图，可以清晰地了解到上海工业104区块、195区域、198区域各地块的利用现状，包括104区块的升级区块、195区域的转型区块、198区域的复垦情况等（图5-2）。

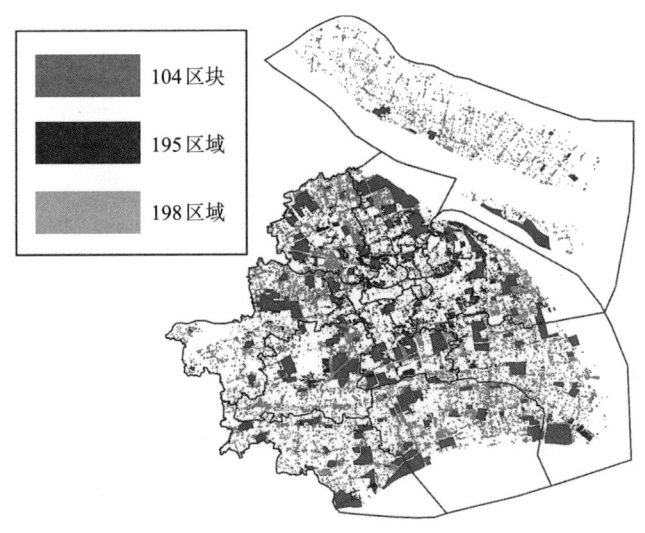

图5-2 "七图叠加"理论模型——上海土地现状图

"104"区块——以空间优化、结构调整、绩效提高和能级提升为主，着力构建战略性新兴产业引领、先进制造业支撑、生产性服务业协同的新型工业体系，巩固提升工业园区产业集聚优势，增强城市综合功能。

"195"区域——推进存量工业用地整体转型，转型方向以研发用地、住宅用地、公共服务用地和公共绿地为主，或开展零星开发试点工作，促进存量工业用地盘活利用。建立和完善低效工业用地认定标准，进行全面调查和分类评价，推进低效用地的再开发利用。

"198"区域——大力推进现状低效工业用地减量化。到2020年，减量40km²，优先考虑二级水源保护区、生态廊道和永久基本农田内的工业用地；通过土地节约集约利用评价，对"三高一低"（高耗能、高污染、高危险、低效益）工业用地进行减量，减量化后的土地根据水土质量情况作为生态用地或耕地。

②城市总规图

城市总体规划是了解城市未来发展的重要渠道。透过总规图，不仅能了解到城市未来的功能定位、人口、产业生活配套等方面的宏观信息，还能了解到未来城市的空间布局以及各个区域在未来城市发展中的定位。例如，通过对比上海2020年总规和2040年总规，就能够发掘出各个区域功能转型所带来的投资新机遇（图5-3）。

③产业规划和产业链带动图

新产业的导入是城市更新的灵魂。产业规划和产业链带动图全方位地反映了一座城市的产业规模、结构、空间布局、转移趋势、规划方向以及产业间关联的信息。同时，交通物流是产业发展的命脉，科技创新是产业发展的源泉。因此，产业规划和产业链带动图也纳入了交易物流中心、交通干网、高校企业研发平台、创业孵化器等方面的详细信息（图5-4）。

④权利人属性图

权利人属性图反映了每一个具体地块的土地权利人的信息，包括企业名称、企业属性（是否国资）、企业营业范围、经营状况等。鉴于国有企业存量土地二次开发在城市更新中的重要性，权利人属性图重点整合了来自各级国资委和政府产权平台公司的国有企业数据（图5-5）。

中国城市更新理论与实践

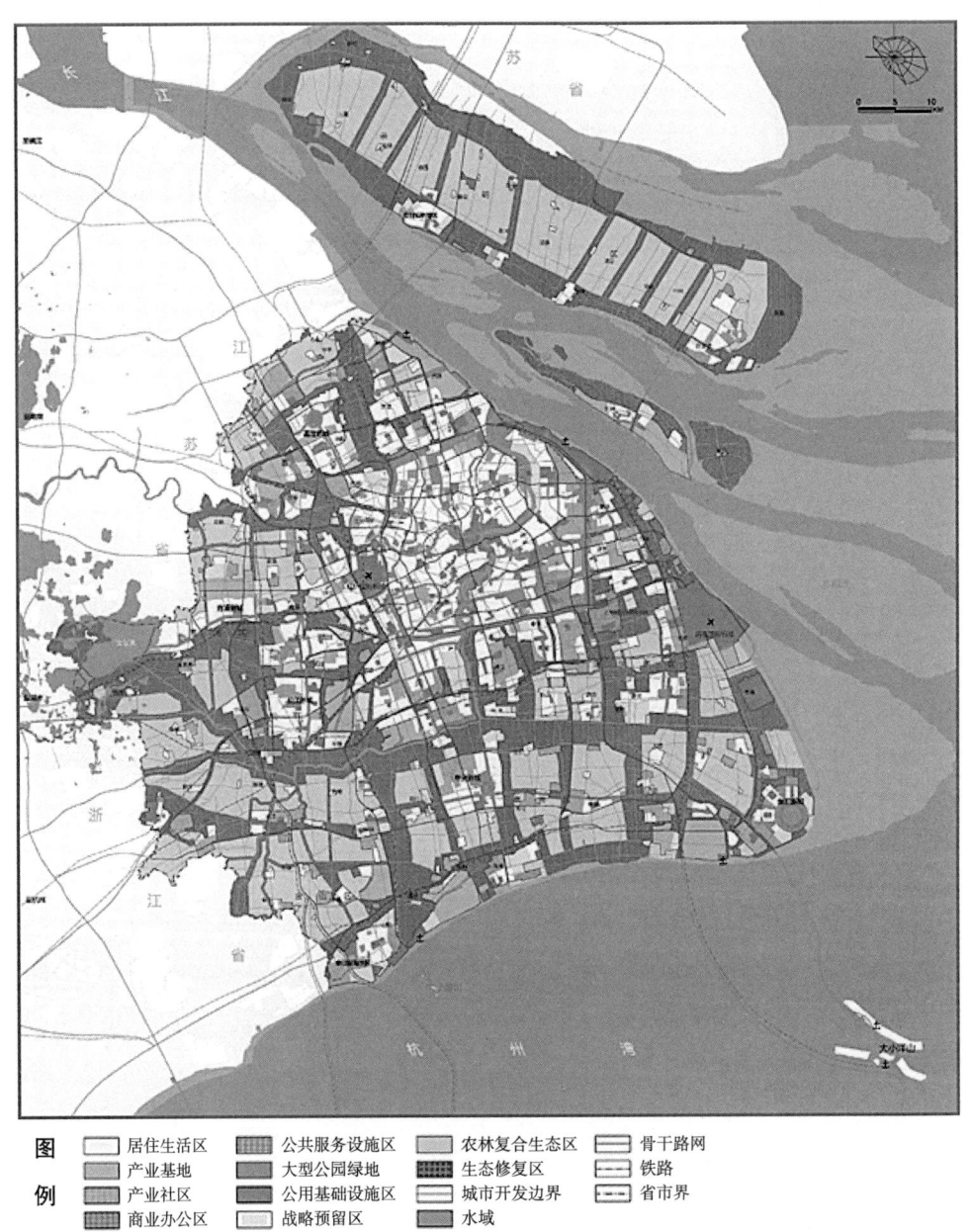

图
例

居住生活区	公共服务设施区	农林复合生态区	骨干路网
产业基地	大型公园绿地	生态修复区	铁路
产业社区	公用基础设施区	城市开发边界	省市界
商业办公区	战略预留区	水域	

图5-3 "七图叠加"理论模型——上海2035年规划总规图

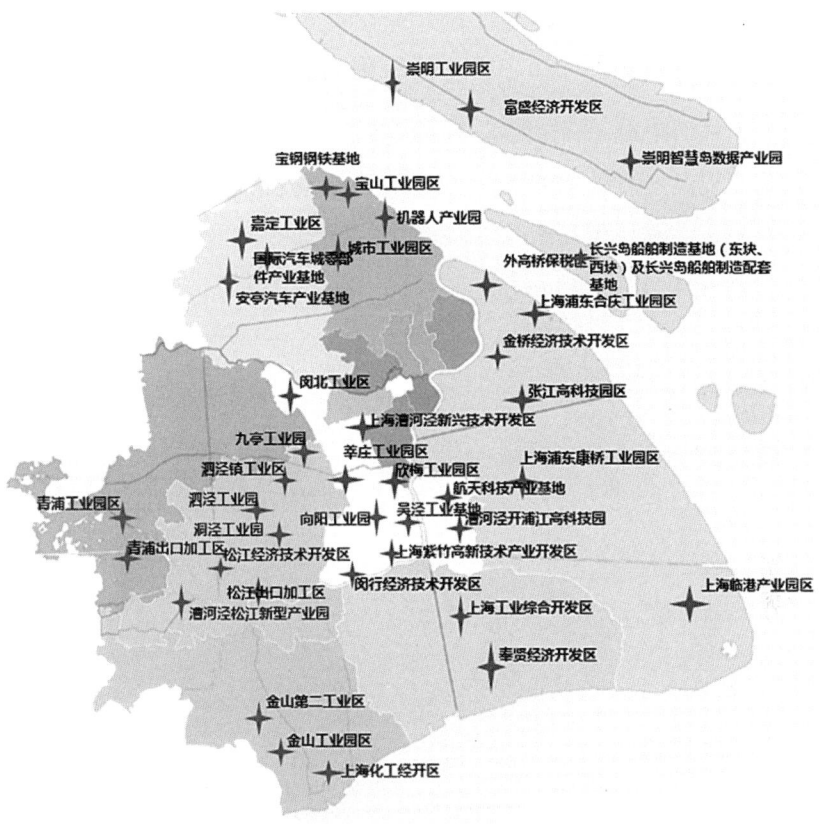

图5-4 "七图叠加"理论模型——上海产业规划和产业链带动图

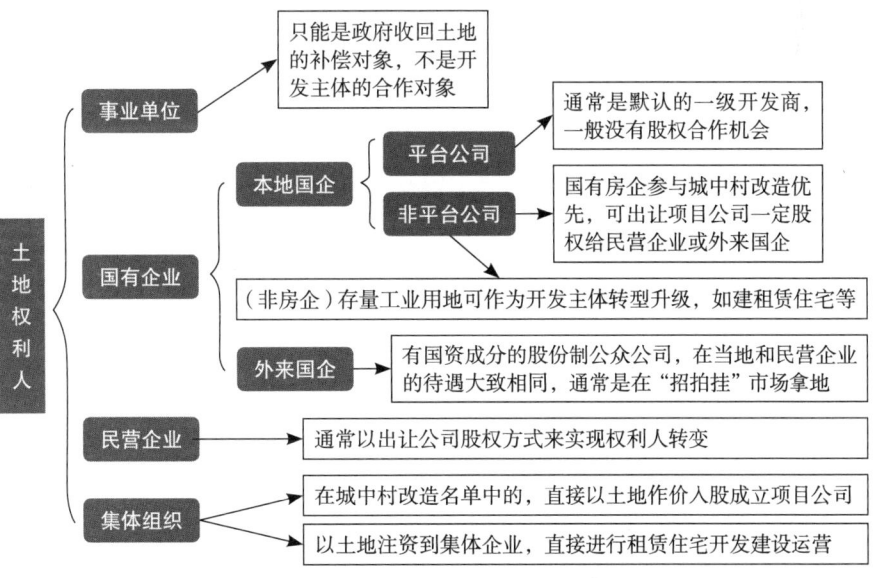

图5-5 "七图叠加"理论模型——权利人属性图

⑤未来前景图

城市更新要始终着眼于未来，城市总规以相对宏观的视野展示了城市的未来，而未来前景图则是在镇域的维度细致地分析了城市各区域的发展潜力。未来前景图是依托中国房地产数据研究院独创的"110"投资价值评估模型而绘制的，从人口、产业、金融、生活配套等多个维度来判断各区域的长中短期发展潜力（图5-6）。

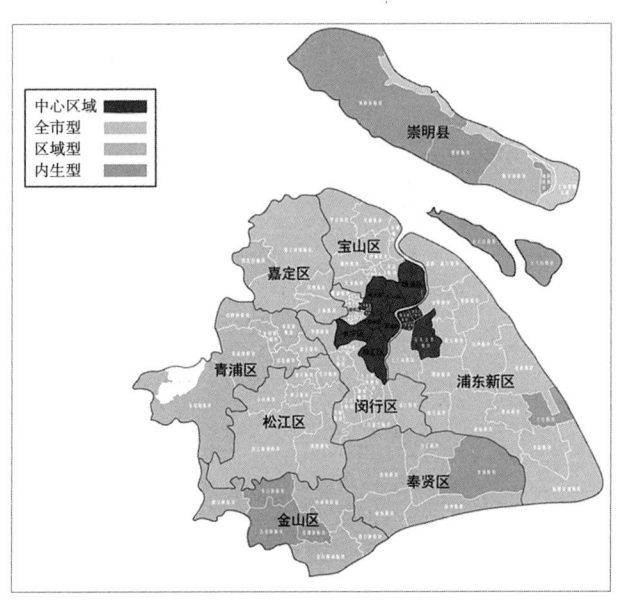

图5-6 "七图叠加"理论模型——上海未来房地产需求区域示意图

根据目标地块所处不同区域的房地产需求类型，可以判断地块的升值潜力，尤其是在限购政策不放松的当下。由于交通是客户吸引度影响最大的因素，通过交通因素，将需求类型分为全市型、区域型和内生型：

全市型——距市中心地铁1小时以内或开车30分钟内到达；

区域型——距市中心地铁超过1小时或开车30分钟至50分钟到达；

内生型——距市中心开车超过50分钟到达。

⑥企业资源禀赋图

企业资源禀赋图主要包括房地产开发企业及外挂产业资源企业的信息，包括企业名称、企业属性、所在行业、经营状况等。企业资源禀赋图将房地产开发企业和外挂资源进行有效地关联、匹配，形成了一张完整的产业资源网络，通过这张网络能够清晰地了解到房地产开发企业调动产业资源来实施大开发的能力以及未来对产业资源的需求（图5-7）。

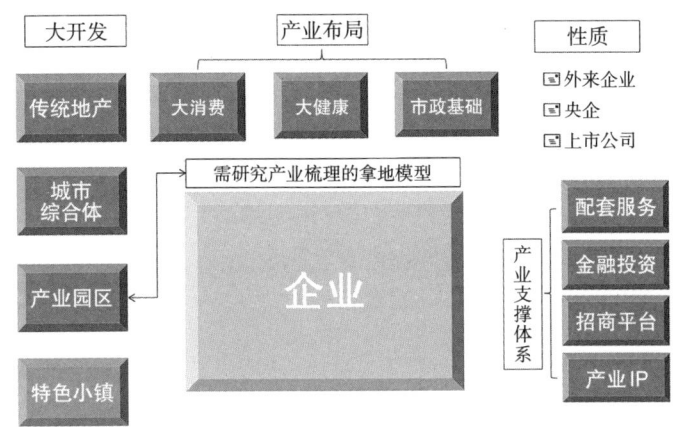

图5-7 "七图叠加"理论模型——企业资源禀赋图

⑦政策路径实现图

政策路径实现图清晰地标注了地块所在区域的政策情况以及控制性详细规划，图中的政策既有房地产行业政策，也有金融、财税、人口、教育、医疗等方面的经济社会政策，能够全方位地反映所在区域的综合性政策环境与各级政府的政策意图（图5-8）。

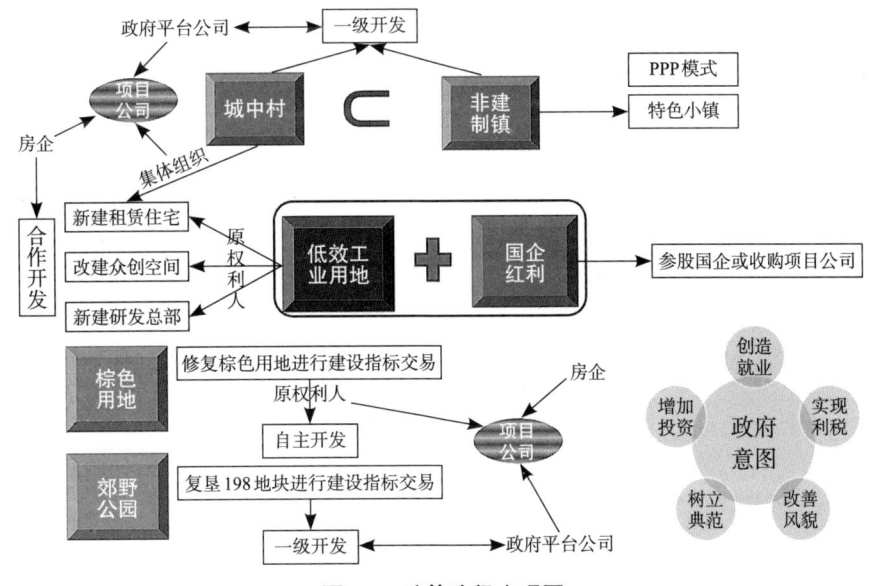

图5-8 政策路径实现图

（3）"七图叠加"理论贡献——构建城市更新的创新平台

"七图叠加"理论对于中国城市更新的贡献在于，其构建了一个创新平台，成功地破解了制约城市更新的瓶颈，从而使各利益相关方的资源能够实现最优配置。首先，从具体操作的角度来看，"七图叠加"构建了一个全方位整合各类数据的平台，为城市更新利益相关方的决策提供了有力的信息支持。其次，从市场运作的角度来看，"七图叠加"构建了一个优化资源配置的平台，为城市更新利益相关方之间的合作提供了便捷的接口服务。最后，从城市治理的角度来看，"七图叠加"构建了一个政府与市场之间有效沟通的平台，为城市更新利益相关方更准确地领会与贯彻政府城市发展理念提供了有效的渠道资源。

目前，中国房地产数据研究院课题组已经完成了"七图叠加"的理论构建与数据整合，并将这一理论体系应用到了部分城市更新的实践之中。随着实践的不断深入，我们将继续拓展"七图叠加"理论体系的深度、广度和维度，不断完善这一城市更新的创新模式。

（4）"七图叠加"理论案例——上海临港桃浦智创城

桃浦智创城位于上海市普陀区西北部，北起沪嘉高速公路，东至真北路，南邻沪宁铁路，西至外环线，土地面积约7.9km²。其中，以铁路南何支线为界，支线以东面积约3.7km²为拓展区，支线以西面积约4.2km²为核心区（图5-9）。

桃浦智创城的建设将对标浦江两岸开发标准，在凸显科技智慧对城市更新贡献度的基础上进一步强调突出创新作用。"智"体现在"智慧、智能、智力"的集聚融合，"创"体现在理念创新、科技创新、管理创新、制度创新的系统集

图5-9 桃浦智创城

成。桃浦智创城以"打造中心城区转型升级的示范区、上海科创中心重要承载区之一"为目标定位，积极实践"产城深度融合、低碳绿色生态、城市设计人性化"，将成为上海市转型升级的示范区、高质量发展的示范区、卓越城区建设的示范区。

为积极响应并落实上海市委市政府战略部署，临港集团与普陀区政府正式建立区企合作工作机制，以双方共同出资成立的上海临港桃浦智创城经济发展有限公司作为开发主体，致力于桃浦智创城4.2km²核心区内所有规划用途为科研设计用地（C65）、商业办公（C2、C8）用地等的开发建设工作，并坚持科创驱动、产城融合的建设目标，吸引、聚集优先重点发展产业，形成"3+1+1"特色的产业生态体系，即3个相对成熟的产业（互联网科技、高端医疗设备、新能源与节能环保）、1个新兴产业（人工智能产业）和1个文化创意产业。目前，以中央绿地与智创TOP系列项目建设为基础的"倒T字形"开发格局已基本形成并全面推进中。

产业定位——聚焦服务经济、平台经济和总部经济主导、从"四新"着手，集聚创新要素，体现"智慧、智能、智力"集聚，构建以智能制造和高端服务业为重点和特色的产业生态体系。在智能制造领域，重点发展机器人、信息技术、节能环保、大健康产业；在高端服务业领域，重点发展为智能制造、工业互联网、智慧城市建设配套的专业服务业（如大数据、云计算、智能物流、技术服务、检测检验、认证、供应链管理、法律等）、科技金融业（股权投资公司、科创基金）、商贸服务业（智慧商圈）、文化休闲业（创意文化、旅游、科普、教育等）。此外，在智能制造和高端服务业的交叉领域，重点发展流程化和大规模订制，包括网络化生产。

产业环节——根据桃浦智创城未来服务对象，定位产业链上最有特色的某一个点或若干点，形成公共服务平台，为整个产业链服务。比如，可以关注先进基础工艺，从生产服务业角度有所突破，围绕先进基础工艺打造智能制造总部；可以立足于高科技、新兴领域和细分领域，重点培育和发展少数未来可以成为世界级"隐形冠军"的企业。专业服务业要形成不同产业的服务领域、某一专业功能的服务体系，辐射和影响上海以外的地区，具有高端引领力，通过更广泛的服务引领功能集聚。比如，桃浦智创城可定位于打造上海科创中心6个承载区

（创新成果的策源地）与创业支撑腹地（长三角）之间的枢纽型、节点性区域，聚焦发展服务科技成果产业化的专业服务业（如技术、政策、法律等服务）。

图5-10 智创城一角

产业业态——桃浦智创城产业业态主要是平台经济和总部经济。通过产业创新服务平台推动总部经济发展，通过培育行业龙头企业引领产业发展，以确立区域差异化的核心竞争力。其中，平台经济类型有研发创新平台、商贸平台、复合型业态平台、智慧城市运营平台、众创型创新创业平台（图5-11）。

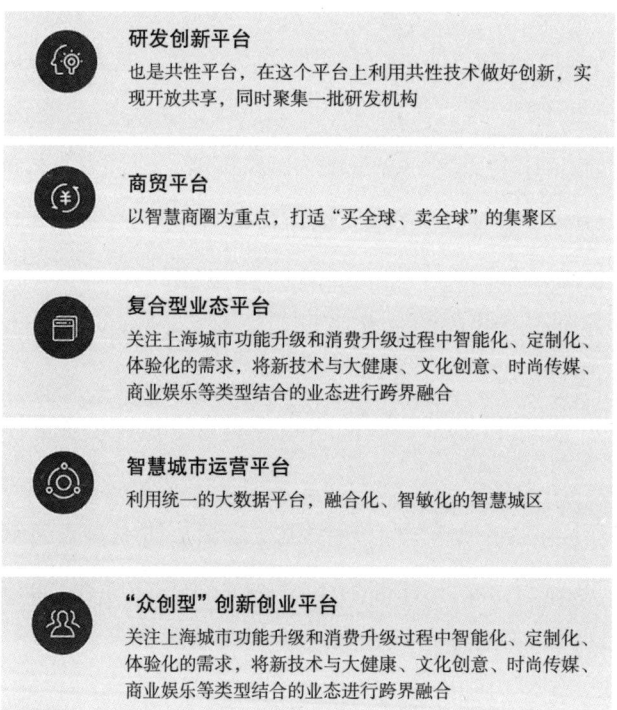

研发创新平台
也是共性平台，在这个平台上利用共性技术做好创新，实现开放共享，同时聚集一批研发机构

商贸平台
以智慧商圈为重点，打造"买全球、卖全球"的集聚区

复合型业态平台
关注上海城市功能升级和消费升级过程中智能化、定制化、体验化的需求，将新技术与大健康、文化创意、时尚传媒、商业娱乐等类型结合的业态进行跨界融合

智慧城市运营平台
利用统一的大数据平台，融合化、智敏化的智慧城区

"众创型"创新创业平台
关注上海城市功能升级和消费升级过程中智能化、定制化、体验化的需求，将新技术与大健康、文化创意、时尚传媒、商业娱乐等类型结合的业态进行跨界融合

图5-11 平台经济类型

中国城市更新理论与实践

"近年来传统的房地产行业逐步从黄金时代步入白银时代，越来越多的房企开始向园区开发领域进军，但真正成功的并不多。"上海临港桃浦智创城经济发展有限公司总经理何骞敏认为，传统的地产行业注重高周转，短期内要求有回报。作为园区得吃"萝卜干饭"、对持有的要求非常高。两者之间的开发理念和开发规律存在巨大差异。"园区需要拉动经济，创造财富，需要开发和运营形成一个完整的闭环。其中开发只是解决了物理载体问题，运营只要解决园区、企业的入住以及发展的问题。只有通过硬件和软件的组合，形成整体的闭环，才能彻底解决园区发展的一些困境。"

　　以临港智创城为例，推进产城、产金、产学研三融合，这是提升园区核心竞争力的有效方法。布局高品质的居住、教育、医疗、商业、交通、文化和人才服务等配套措施，让企业的员工留业、留人、留家、留心。也通过产金融合建设一套服务企业的银行融资、上市融资、债权融资、基金融资等方面各类金融服务；搭建产学研链接园区内外科研资源的桥梁，帮助企业科技创新与科研成果转化。

　　① 土地现状

　　普陀区位于上海中心城区西北部，是沪宁发展轴线的起点，也是上海连接长三角及内地的重要陆上门户和交通枢纽。西、北和嘉定区、宝山区相接，东、南和静安区、长宁区、闵行区毗连。普陀区是上海市西部的水陆交通要道，苏州河横贯全境，是西连太湖流域，东通黄浦江、长江的内河航道。19世纪末叶，中外商人凭借苏州河水运之便，纷纷在两岸兴建工厂，促进了境内经济的发展，逐步成为上海著名的老工业区。行政区辖有曹杨新村、长风新村、长寿路、甘泉路、石泉路、宜川路、万里、真如镇8个街道，长征、桃浦两个镇，历史上具有环境污染的化工企业比较集中在桃浦。

　　2012年，临港集团与普陀区政府拉开了全面合作开发桃浦的序幕，共同签署了《关于开发建设上海漕河泾桃浦科技智慧城的战略合作协议》。2014年6月和2015年6月，双方再次签署了《关于开发建设上海漕河泾桃浦科技智慧城的合作协议》和《加快上海漕河泾桃浦科技智慧城开发建设深化合作协议》，并正式建立了区企合作领导小组工作机制。根据协议精神，由临港集团授权上海市工业区开发总公司、普陀区政府授权桃浦智创城公司共同出资成立了上海漕河泾桃浦科技智慧城经济发展有限公司作为主体，负责桃浦智创城4.2km²核心区

图5-12 桃浦智创城现状图

内所有规划用途为科研设计用地（C65）、商业办公（C2、C8）用地等的开发建设工作。

桃浦智创城位于上海市普陀区西北部，北起沪嘉高速公路，东至真北路，南邻沪宁铁路，西至外环线，土地面积约7.9km²。其中，以铁路南何支线为界，支线以西面积约4.2km²为核心区，支线以东面积约3.7km²为拓展区。核心区基本与桃浦工业区重叠，桃浦工业区属于104地块，其中有新杨工业园区、祁连山工业园区、李子园工业园区等，以及一些化工医药企业如上海天光化工厂、敦煌化工厂、朗盛上海颜料有限公司、上海涂料有限公司振华造漆厂、上海汉高黏合剂有限公司、上海乐凯纸业有限公司、上海中西三维药业有限公司、上海和黄药业有限公司、上海染料化工八厂、上海香料总厂等，目前大部分已由政府收储。拓展区内大部分已经建成住宅小区，还有同济大学沪西校区，仅铁路沿线和真北路西侧留有少量工业园区和厂房，属于195地块，可开发空间较少。

②城市规划

2014年上海市政府同意《上海市普陀区桃浦科技智慧城（W06-1401单元）控制性详细规划修编》。具体批复如下：

A.桃浦科技智慧城规划范围北至沪嘉高速，南至金昌路，东至铁路南何支线，西至外环线，用地面积约4.2km²，规划人口规模约2.8万人。

B.桃浦科技智慧城功能定位为：以总部商务、科技研发、生态绿地为核心功能，居住、商务服务、商业休闲、社区配套为主要配套功能的综合型城区。

C.桃浦科技智慧城形成"一轴、一心、两带、多组团"的布局结构。"一轴"，即中央生态绿轴，引入大型"中央绿地"，对接区域生态网络，形成片区内绿色网络构架；"一心"，即智慧总部核心，联系地铁站和中央绿地布局商务办公及商业核心，形成整个片区智慧功能核心及景观核心；"两带"，即利用李家浜及新开河滨水空间，形成两条滨水景观带；"多组团"，即规划形成多个不同功能混合的功能组团，主要为商务办公、产业研发、商住、生活配套等组团。

D.桃浦科技智慧城规划总建筑面积约426万 m^2，商业及商务办公总建筑面积约185万 m^2，研发建筑面积约119万 m^2，住宅建筑面积约99万 m^2，其他含社区公共服务设施、基础教育设施等建筑面积约23万 m^2。

E.桃浦科技智慧城道路交通规划以干道为基本骨架，形成方格路网。以加强街坊的可达性为目标，适当加大城市支路网密度，规划范围内路网密度为9.8km/ km^2。建立以公共交通为导向的发展模式（TOD），倡导绿色出行，创造适宜公交、慢行的交通环境，并在地铁站至中央绿地形成系统的步行联系。

F.桃浦科技智慧城由中央绿地形成的生态景观轴与滨河绿带形成的滨水景观轴共同组成"井"字形生态景观骨架。建筑空间围绕景观骨架组团式布局，形成虚实结合、疏密有致的整体空间景观形象。在"L"形中央绿地转角处，设置地区主要景观节点；在中央绿地南北两端及主要景观节点对景处，形成三处次要景观节点，丰富空间景观层次。

G.桃浦科技智慧城的土地出让前，部分临近商务组团的科技研发类用地（C65）的用地性质可根据实际需求，调整为商办用地（C8），由建设项目管理部门组织开展专家论证程序，对调整内容予以认定，并报市规划和国土资源局备案。

H.结合项目实施，进一步完善桃浦科技智慧城周边市政设施配套，确保各类市政设施的用地和管廊控制，并结合规划实施，进一步征询相关部门意见。

I.原则同意桃浦科技智慧城各项规划控制指标和附加图则控制要素。

2015年普陀区对桃浦科技智慧城（W06-1401单元）控制性详细规划再次进行修编，将总建筑面积调整为428万 m^2，住宅建筑面积110万 m^2，商办建筑面积208万 m^2，研发建筑面积76万 m^2，其他建筑面积34万 m^2，并报上海市批准（图5-13）。

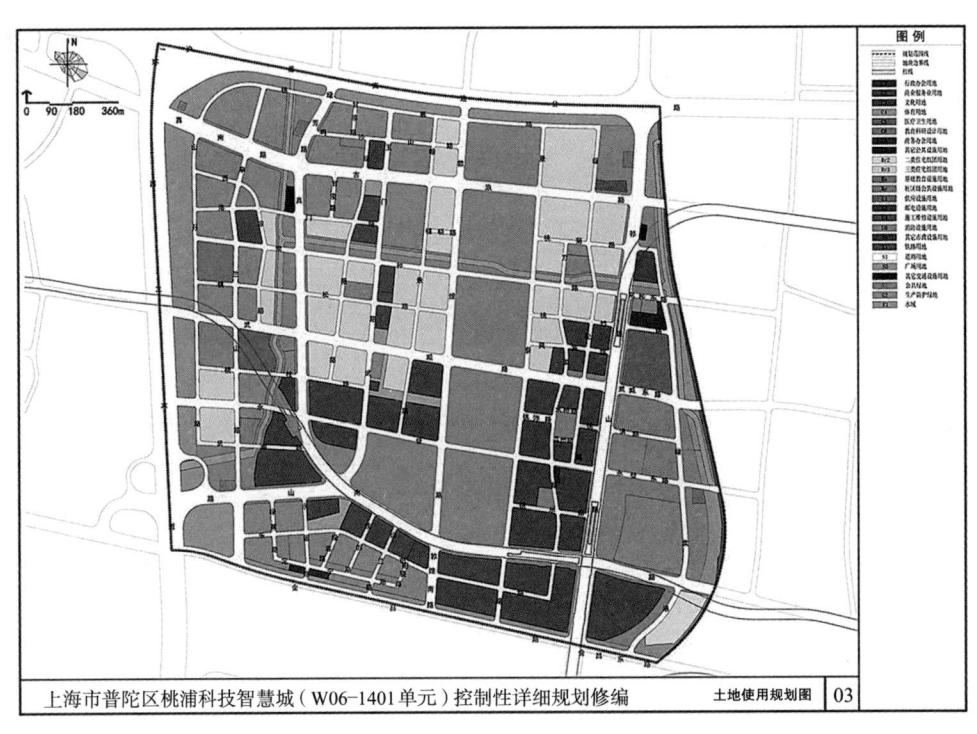

图5-13 桃浦智创城核心区控制性详规（2015年修编）

"智创城"意为智慧创新之城，是在凸显科技智慧对城市更新贡献度的基础上，进一步强调和突出创新的作用。"智"体现在"智慧、智能、智力"的集聚融合，"创"体现在理念创新、科技创新、管理创新、制度创新的系统集成。

2018年上海市发布了2035年城市总体规划，其中包括有普陀区战略指引图。真如为主城副中心，桃浦、真北为地区中心。桃浦重点发展地区为同济大学沪西校区和桃浦绿轴两侧，桃浦核心区域为11号线祁连山站上海康建商务广场、上海机电城、中鑫企业广场附近。不同于真如和真北发展目标为公共活动中心，桃浦发展目标是产业+社区，希望通过引入新的产业和技术人才，实现城市更新（图5-14）。

③产业规划和产业链

桃浦工业区是上海著名的老工业园区，这里曾经诞生过很多知名民族品牌，比如英雄金笔、凤凰毛毯、白象牌电池、蜂花檀香皂等。随着主城区的扩张，全部污染环境的企业都将搬出去，生态、土壤、地下水等都将进行修复，发展智能

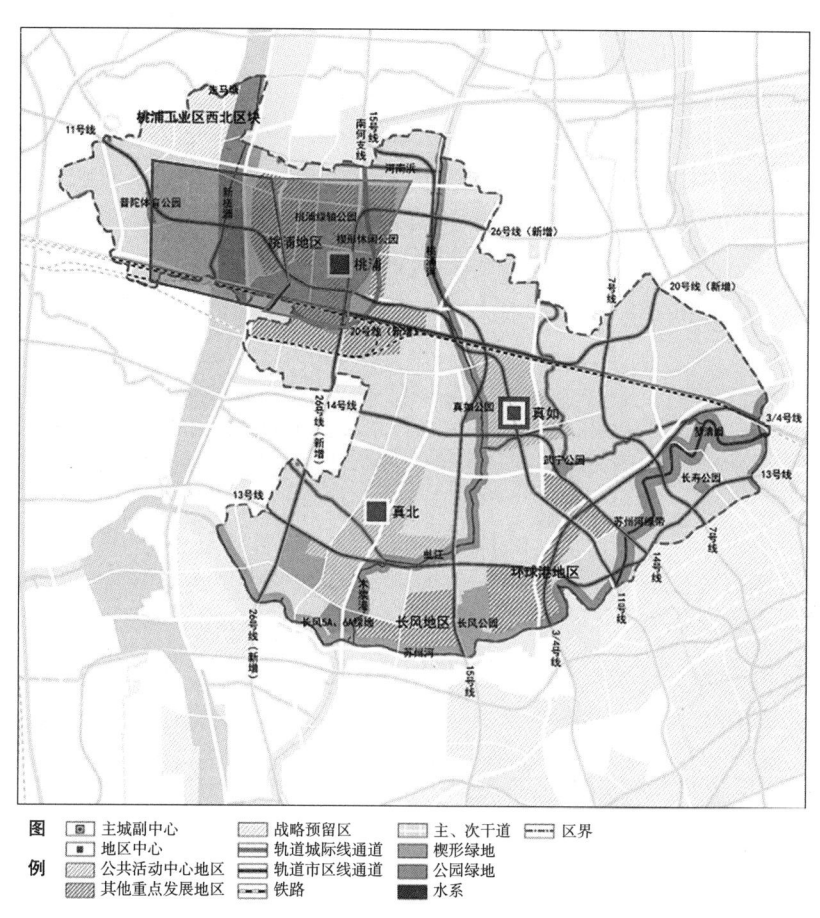

図 | ▣ 主城副中心   ▨ 战略预留区   ▤ 主、次干道   ⋯⋯ 区界
例 | ■ 地区中心   ▬ 轨道城际线通道   ▨ 楔形绿地
   ▨ 公共活动中心地区   ▬ 轨道市区线通道   ▨ 公园绿地
   ▧ 其他重点发展地区   ━ 铁路   ■ 水系

图5-14　2035年上海城市总体规划——普陀区战略指引图

科技、健康服务等新兴产业，老工业基地将建设成为"宜居宜业"的产业社区。

　　上海所谓3+5产业区域中的"3"是指虹桥商务区，世博园区和临港园区三个核心产业区域，加上桃浦、吴泾、高桥、吴淞和南大地区"5"个重点产业区域，这5个区域都是传统工业区，都面临区域转型升级，其中桃浦地区离市中心最近（图5-15）。桃浦地区主要产业区域就在桃浦智创城核心区，重点项目为中以（上海）创新园和智创TOP。中以（上海）创新园一期利用英雄金笔厂房改建，总建筑面积约7500m²，其中1500m²为规划展示厅、路演中心和服务中心，1500m²为配套服务设施，4500m²为办公设施。2019年12月5日，中以（上海）创新园将正式开园，目前签约入驻的以色列背景企业或机构已达到20家左右。中以（上海）创新园计划分三期推进，二期、三期将依托智创TOP项目整体发展。

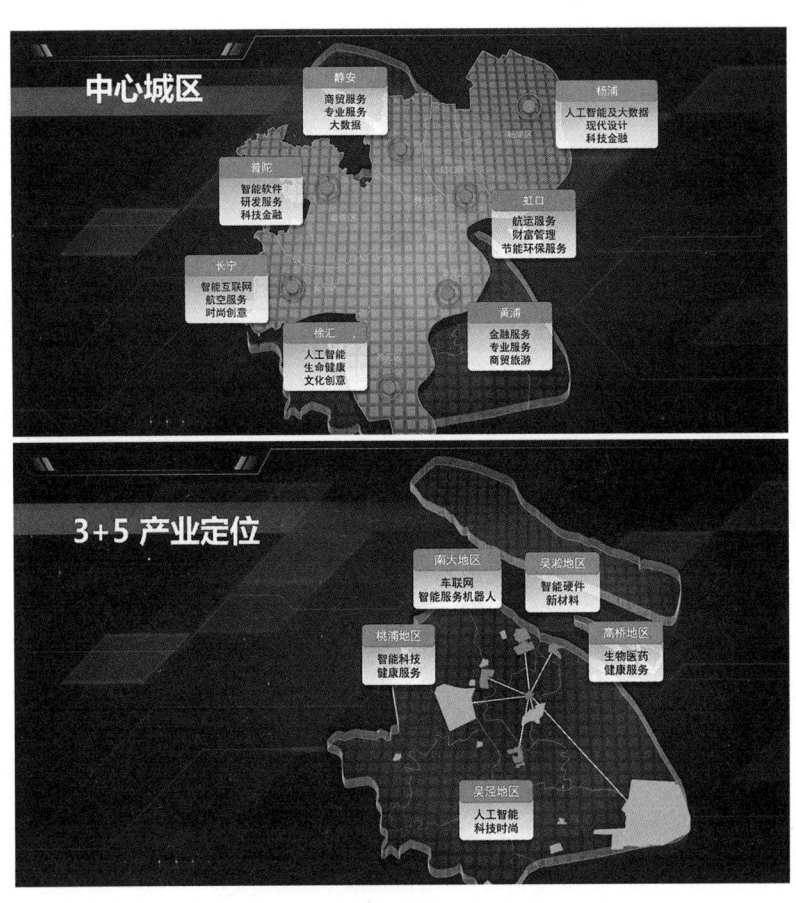

图5-15 上海中心城区产业地图

④权利人属性图

目前桃浦智创城核心区土地收储计划已经基本完成，政府累计收储3km²，收储后约1km²的土地已经通过公开市场或协议转让，引进了临港等上海国企及阿里巴巴、优必选、华侨城、中粮大悦城、中铁、清华启迪、远东宏信、恒康生命科学等优质客户投资以及其他一些符合桃浦智创城产业导向的企业。

⑤未来前景图

桃浦智创城位于市区核心区域，距离虹桥交通枢纽、人民广场和上海火车站均约10km，距离陆家嘴约12km，距离上海西站仅5km。桃浦智创城交通便利，四周由四条城市主干道环绕，上海最长的地铁11号横穿而过，有祁连山路和武威西路两个站点，规划的15号线为南北向，与11号线在上海西站交汇，区域内还有武威东路站点，规划的26号线在桃浦智创城中部穿行，与11号线在祁连山路站交汇，又与15号线在武威东路站交汇（图5-16）。

桃浦智创城致力于成为上海中心城区老工业区转型升级的示范区，立足"科创、智能、智造一体化"的目标定位，打造上海西北中心城区具有引领性的产业社区，建成以智慧城市为核心竞争力的上海建设卓越全球城市的功能集聚区，以集成创新为鲜明特色的上海建设全球科创中心的重要承载区，成为上海中心城区转型升级的示范区。

图5-16　桃浦智创城地理位置图

但是桃浦工业区的环境质量近来引起了广泛关注，桃浦智创城于2019年10月公布了一份上海市环境监测中心2013年所做的评估报告，该报告使得环境监测合格和环境修复成功成为开发投资的前提之一。内容大体如下：

2013年，为分析排查原桃浦工业区土壤环境隐患，评估桃浦工业区土壤环境质量，为后续桃浦地区地块规划使用和土壤修复提供环境基础信息，上海市环境监测中心针对普陀桃浦工业区7.9km²（其中核心区域4.2km²），开展了土壤及地下水环境普遍调查与评估工作。

整个调查方案严格按照国家环保部相关土壤及地下水监测技术规范要求，以土壤及地下水人体健康风险评估为基础，聚焦区域土壤现状，聚焦重点企业土壤污染状况，将区域网格化调查与重点企业风险源调查相结合，同时关注河道底泥和污泥填埋场。实际监测点位167个（包括155个土壤监测点位和12个河道点位），每个监测点位根据区域场地土壤及地下水污染特征，分3～4层，实施立体分层采样。监测分析项目包括理化指标2项（pH值、阳离子交换量），无机类指标17项（重金属15项以及氰化物、氟化物），有机类指标5大类154项（总石油烃1项、有机氯农药20项、多氯联苯7项、挥发性有机物56项、半挥发性有机物70项）。

其中普遍调查土壤调查155个监测点位，401个土壤样品；涉及38家风险源企业（126个监测点位，322个土壤样品）和29个网格点位（500m×500m，79个土壤样品）；地下水调查共计96个监测点位，涉及风险源点位68个和网格点位28个；河道点位12个，12个底泥样品。监测和评价结果显示：调查区域内土壤及地下水存在一定程度的超标情况，并存在健康风险。

A.土壤监测共计检出无机类16项和有机类71项（总石油烃1项、多氯联苯1项、有机氯农药10项、挥发性有机物26项、半挥发性有机物33项）。参照国家A级标准值，共有56个超标点位，80个土壤样品有超标现象；涉及23家企业的48个风险源点位（68个样品）和8个区域网格点位（12个样品），超标样品主要位于表层（0～20cm）和中上层（100～250cm）。超标项目包括：砷、镉、铬、镍、汞、铅、铜、锌、锑和总氰化物10个无机类项目（其中7项超B级标准），以及总石油烃、多氯联苯、苯、氯苯、1，1，2，2-四氯乙烷、苯胺、六氯苯、苯并（a）蒽、苯并（b）荧蒽、苯并（k）荧蒽、苯并（a）芘、茚并（1，2，3-c，d）芘、二苯并（a，h）蒽和屈14个有机类项目（其中6项超B级标准）。

B.从区域土壤污染分布来看，除桃浦污水处理厂污泥填埋场外，重污染区域均主要集中于4.2km²的工业集中区域内，初步估算受污染土壤面积约占整个区域面积的50%，其中重污染区域（疑似需要修复）约占整个区域面积的10%。

C.地下水监测共计检出无机类11项和有机类70项（总石油烃1项，挥发性有机物38项、半挥发性有机物31项）。96个地下水点位的监测结果中，参照《地下水质量标准》GB/T 14848—2017标准，无机类项目18个点位达Ⅰ类水标准，12个点位达Ⅱ类水标准，7个点位达Ⅲ类水标准，22个点位达Ⅳ类水标准，37个点位达Ⅴ类水标准。若以Ⅲ类为地下水质量评价标准，有59个点位超Ⅲ类水标准，点位超标率为61.5%。参考《荷兰土壤和地下水环境修复标准》地下水干预值，超标点位为58个，点位超标率为60.4%；其中，无机类项目中砷、铬、镍、汞、铅、铜、锌和锑8项超标，超标点位为18个，点位超标率为18.8%；有机类项目中总石油烃、氯乙烯、苯、顺式-1，2-二氯乙烯、1，1，2-三氯乙烷、四氯乙烯、乙苯、二甲苯、苯乙烯、茚并（1，2，3-c，d）芘、菲、荧蒽和萘13项超标，超标点位为57个，点位超标率为59.4%。

D.初步风险评价结果显示区域土壤存在一定的健康风险。假定场地重新利用为敏感用地（居住用地），对超过展会A级标准值的点位开展土壤健康风险初步评估，56个超标点位中40个点位存在健康风险，约占超标点位的71.4%左右。假定场地重新利用为非敏感用地（商业用地），对超过展会A级标准值的点位开展土壤健康风险初步评估，56个超标点位中28个点位存在健康风险，占超标点位的50%。

通过开展桃浦工业区土壤环境普遍调查与评估工作，基本掌握桃浦地区土壤及地下水环境质量现状；初步判断区域污染程度，甄别疑似污染的地块，为该区域后续土地开发利用及土壤修复等项目的开展提供技术支撑。

⑥企业资源禀赋图

了解上述5幅图之后，我们可以结合企业资源禀赋图，对企业是否有能力参与桃浦智创城的开发，从何种角度，以何种方式进行谈判、参与投资开发等做出正确判断，采取合适的措施，能取得最佳的效益和效果。普陀区政府最终选择临港集团合作开发桃浦智创城，除了临港集团（收购了漕河泾开发区）是上海最大的工业园区投资管理机构，还看中了临港集团的其他资源禀赋（图5-17）。

⑦路径实现图

临港集团与普陀区政府正式建立区企合作工作机制，以双方共同出资成立的上海临港桃浦智创城经济发展有限公司作为开发主体，致力于桃浦智创城4.2km^{2}核心区内所有规划用途为科研设计用地（C65）、商业办公（C2、C8）用地等的开发建设工作，并坚持科创驱动、产城融合的建设目标，吸引、聚集优先重点发展产业，形成"3+1+1"特色的产业生态体系，即3个相对成熟的产业（互联网科技、高端医疗设备、新能源与节能环保）、1个新兴产业（人工智能产业）和

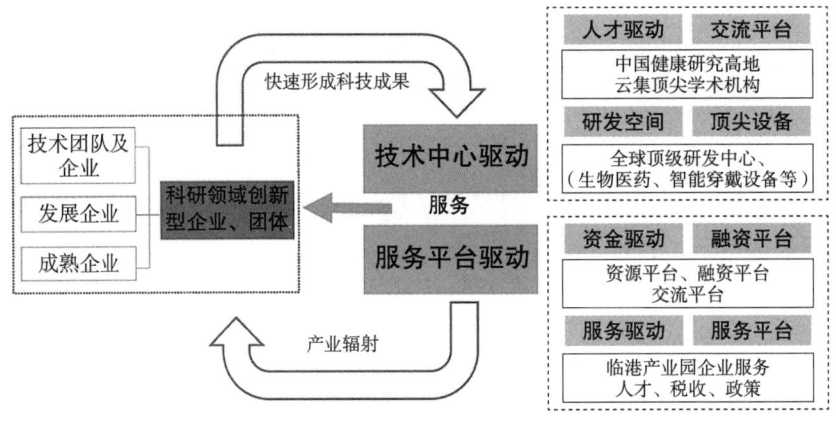

临港集团具有全球影响力的产业推动者；集团优势全面助力产业园

上海市委市政府直属的、以园区开发为主业的大型国有功能性企业集团
临港集团在上海十二个区建立了产业园区，在长三角和海外形成园区布局
400km²+开发体量　500万m+品质物业
14大产业园区，30余年产业经验，7000家实体企业，40多万员工，6000亿产业贡献

图5-17　临港集团资源禀赋图

1个文化创意产业。

临港集团充分利用智慧城市、海绵城市、绿色健康建筑、BIM运用、装配式建筑、生态修复、分布式能源和地下综合管廊等方面的技术积累和建设经验，形成以中央绿地与智创TOP系列项目建设为基础的"倒T字形"开发格局。桃浦中央绿地借鉴了纽约中央公园和伦敦海德公园的设计理念，着力打造高端产业与绿色生态和谐共荣的城市新生态。环抱绿地的智创TOP产城综合体，占据桃浦中央绿地的最佳生态景观，集合了城市空间、建筑与园林规划，为实践中外环间规格最高的商务园区定位添砖加瓦。正是有了桃浦中央绿地，才有了智创TOP"集科技、智慧、生态于一体的活力创新型城市社区"的核心设计理念，为推动园区开展招商引资工作带来新契机。

智创TOP规划中，总面积逾110万m²的四个地块，均能享受到一线的绿地景观，尤其是正对中央绿地的606地块内将建设3座聚合型塔楼，形成类似纽约洛克菲勒中心的天际视角。地块融入"内外绿廊"的全景观设计以及"缎带"式建筑动线，同周边地块、区域建立起紧密的功能围合属性，构筑"宜居、宜创、宜业"的城市社区（图5-18）。

图 5-18　智创 TOP 规划示意图

6

上海、北京、深圳城市更新特点

6.1 主要城市更新基本方式

根据我们观察和分析，目前中国大范围大概念城市更新分为六大基本方式，即国企土地红利、低效工业用地盘活、非建制镇特色小镇改造、城中村改造、棕色用地改造、郊野公园配套建设。

（1）国企土地红利：上海历来被称作"国有资产重镇"，上海地方国资主要经济指标继续位列全国地方国资系统第一，其中，资产总额、营业收入、净利润分别占全国地方省市国资企业的1/10、1/8和1/5（2014年上海国资会议）。2013年12月，上海市率先发布首个地方国资国企改革方案，提出在"多管国资，少管国企，不管经营"方针的指引下，探索以发展混合所有制经济作为国资带动国企改革的实现形式。上海国企改革必然与土地改革联动，带来国企土地红利。国企土地红利成为上海城市更新重要组成部分。

（2）低效工业用地盘活：在城市建设用地不断减少的情况下，盘活低效工业用地、提升土地效能成为一线城市提升经济的有效方式。以北京为例，全域面积16410.54km²，是上海近2.6倍，但山地面积就占到总面积的60%以上。2016年5月，《京津冀协同发展土地利用总体规划（2015—2020年）》出台，文件明确规划期内，原则上不安排新增建设用地，鼓励将存量建设用地转化为生态用地；增量控制区不宜进行大规模开发建设，重点保障基础设施和公共服务用地，控制区域新增建设用地。作为特大城市的北京，土地控制相关政策接连出台，严控新增建设用地是大势所趋，势在必行。

（3）非建制镇特色小镇改造：非建制镇是指撤并镇级建制后原建制镇城镇化地区所遗留的城镇功能服务区，属于集镇范畴，不含原建制镇的农村地区。从21世纪初开始，上海根据资源优化整合、管理统筹兼顾的原则，开始建制镇的撤并工作，由此形成了一批非建制镇。实践证明，实行建制镇的撤并取得了扩大管理幅度、节约管理成本、优化配置资源等积极成效。但随着城乡一体化深入推进资源配置中心的转移，非建制镇与新市镇发展不均衡问题日益突出，加快非建制镇的发展成为缩小城乡二元结构、加快城乡一体化进程的必然需求。发展特色小镇主要表现在以下三个方面：首先，坚持突出小镇特色，防止千城一面和一哄而上，因此在建设特色小镇时一定要找准发展定位，形成特色产业，小镇一旦有了特色产业做支撑就很容易将小镇发展起来。其次，坚持市场主导，依据产业发展建设规模。培育特色小镇要做好前期工作，坚持规划先行，合理安排空间布局，防止瞎折腾。最后，必须坚持深化改革，打造创新创业新平台。

（4）城中村改造：城中村是指在城镇建成区或城镇规划区范围内，集体土地被全部或大部分征用，原农村居民全部或大部分转为城镇户口，被城镇建成区包围或基本包围的自然村。而在寸土寸金的市中心区域，城中村的存在无疑是对土地的低效使用，并且城中村往往存在一些安全隐患，对于城中村的改造亟需加快，一线城市中以深圳为代表，根据《深圳市城市更新"十三五"规划》，"规划期内，争取全市完成各类更新用地规模30km^2。其中，拆除重建类更新用地供应规模为12.5km^2。推进以城中村、旧工业区为主要对象的拆除重建。旧住宅区更新采取以综合整治为主的更新方式，审慎开展拆除重建。"以往深圳的城中村改造以拆除重建为主，城中村综合整治推进相对缓慢，实施手段有限，主要是满足基础性的安全及环境保障，难以实现公共空间和生态环境品质提升等改善性需求。今后城中村改造将采取有机更新、微改造的方式，不急功近利，不大拆大建。

（5）棕色用地改造：国内经济多年高速发展在引人瞩目的同时也带来了部分的环境污染问题，由此产生了一批"棕色用地"，比如上海桃浦工业区、吴淞工业区、高桥石化工业基地等区域，根据调查存在不同程度污染，一方面污染问题对于生活环境有害，另一方面对于土地的再规划和利用设置了障碍，对于棕色用地的改造在城市更新中成为不可或缺的组成部分。上海棕色用地改造遵循"1+2"

政策体系，按照"谁污染、谁治理，谁使用、谁负责"以及"全生命周期管理，按阶段监管落实"的原则，土地储备、出让、收回、续期前，土地使用权人应组织完成土壤环境调查评估，并向环保部门申请。经认定存在污染并且需要治理修复的，应承担土壤环境修复的责任和费用，治理修复达到环保要求。对于需储备的经营性用地和工业用地，原土地使用权人可以与土地储备机构通过收储补偿协议协商确定土壤环境调查评估与治理修复工作的责任义务，其中约定由土地储备机构负责开展土壤环境调查评估与治理修复工作的，相关费用可以纳入土地储备成本。

（6）郊野公园配套建设：郊野公园一般存在于城市郊区，环境质量较高，但存在发展较为缓慢的问题，对于自然资源的利用成为城市更新有效的突破口。如上海首批试点的7个郊野公园，规划总面积约130km²，其中正在实施的一期面积约50km²，对于郊野公园的建设正在加快。政策方面，允许郊野公园实施主体通过郊野公园范围内实现现状建设用地减量化来获得类集建区建设空间，原则上不得超过园内建设用地减量化面积的1/3。对于放弃类集建区建设空间的，可获得不低于放弃类集建区空间量1/3的用地指标奖励。在产权清晰、受益人明确的前提下，由区县政府决策，可按照减量化实施方案，在减量化挂钩建新区内的国有建设用地使用权出让中，通过带规划设计方案、带功能使用要求、带基础设施条件等方式，优先供应给实施建设用地减量化的集体经济组织或该集体经济组织授权的企业。

6.2 上海城市更新特点——特别包含国企红利

目前上海建设用地总规模接近规划天花板，建设用地规模只减不增，"负增长"成为近几年的新常态。2013年底上海建设用地3070km²，约占全市陆域面积45%，2008—2013年6年间，城市建设用地年均净增量近50km²。距离2020年3226km²的终极规模，只剩下156km²的增量空间。这也就意味着，从2014年开始的7年内，上海平均每年新增建设用地只能控制在20多km²，还不到过去6年年均增量的一半。上海市规土局副局长曾表示，上海建设用地总规模接近规划天花板，新增用地空间非常狭小。上海市委、市政府也明确要求规土局，建设用地规模必须"负增长"。城市终极规模的锁定，有赖于土地规划的边界约束建设用地规模只减不增，以土地资源利用方式转变倒逼城市发展转型。

在上海建设用地"负增长"的背景下，土地集约节约利用是必然趋势，盘活存量是城市建设的重要课题。2014年9月，国土资源部下发《关于推进土地节约集约利用的指导意见》，提出四个方面意见：①建设用地总量得到严格控制，到2020年，单位建设用地产业增加值比2010年翻一番，城市新区平均容积率比现城区提高30%以上；②土地利用结构和布局不断优化；③土地存量挖潜和综合整治取得明显进展；④土地节约集约利用制度更加完善，机制更加健全。

2016年4月，上海市人民政府印发《关于推进供给侧结构性改革促进工业稳增长调结构促转型的实施意见》的通知，提出"着力优化供给结构，促进工业高端发展""着力降低企业成本，增强工业发展活力""着力优化要素配置，提升工业发展效能""着力深化制度改革，激发工业发展动力"等主要任务，其中在"优化供给结构"中提出实施重点行业和重点区域调整淘汰计划，加大力度调整淘汰高耗能、高污染、高危险、低效益的企业、产品和工艺，在"降低企业成本"任务中，提出重点工业项目最高出让年限可以延长至50年（一般工业项目最高出让年限为20年），在"优化要素配置"中提出要加强工业用地节约集约利用，建立闲置土地处置的共同责任机制，倒逼企业盘活存量低效用地，在"深化制度改革"中表示要建立104、195和198区域联动机制，允许符合要求且有改造升级需求的工业企业开展技术改造，另外深化国有工业企业供给侧改革，完善国有企业考核评价机制。

对于着力推进国企改革首先在2013年十八届三中全会上提出，对于国有资产管理体制、现代企业制度及公司法人治理结构等方面的改革都进行了方向性的指引，紧接着在同年12月上海发布《关于进一步深化上海国资改革促进企业发展的意见》，掀开上海新一轮国企改革序幕，提出在"多管国资，少管国企，不管经营"方针的指引下，探索以发展混合所有制经济作为国资带动国企改革的实现形式。随后贵州、湖南、天津、重庆等相继发布地方国企改革方案，涉及推进国有资本结构调整、实施国企分类管理、完善法人治理结构、改革用人选人机制及监理和完善长效约束机制等多方面的改革，明确在2020年之前完成国企改革任务（图6-1）。

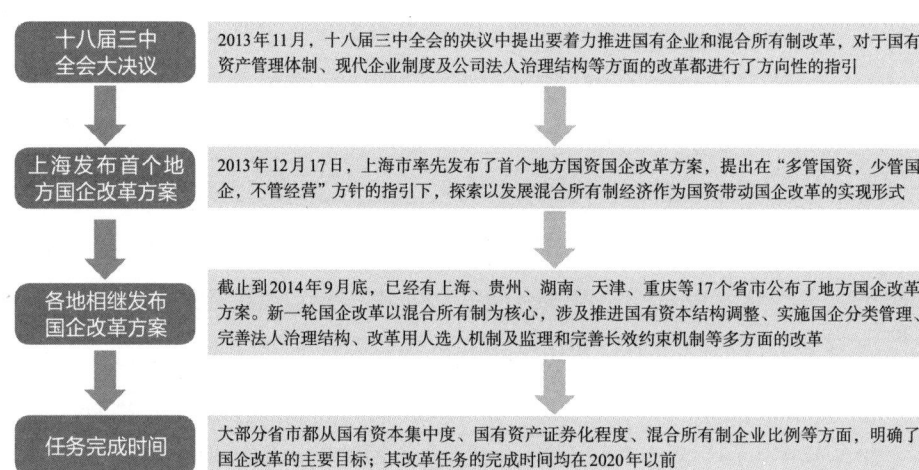

十八届三中全会大决议	2013年11月，十八届三中全会的决议中提出要着力推进国有企业和混合所有制改革，对于国有资产管理体制、现代企业制度及公司法人治理结构等方面的改革都进行了方向性的指引
上海发布首个地方国企改革方案	2013年12月17日，上海市率先发布了首个地方国资国企改革方案，提出在"多管国资，少管国企，不管经营"方针的指引下，探索以发展混合所有制经济作为国资带动国企改革的实现形式
各地相继发布国企改革方案	截止到2014年9月底，已经有上海、贵州、湖南、天津、重庆等17个省市公布了地方国企改革方案。新一轮国企改革以混合所有制为核心，涉及推进国有资本结构调整、实施国企分类管理、完善法人治理结构、改革用人选人机制及监理和完善长效约束机制等多方面的改革
任务完成时间	大部分省市都从国有资本集中度、国有资产证券化程度、混合所有制企业比例等方面，明确了国企改革的主要目标；其改革任务的完成时间均在2020年以前

图6-1　国企改革

改革开放以来，上海国企改革主要经历了如图6-2所示四个阶段。

第一阶段：企业型公司转型，引进外资，股份制改造试点
• 1978—1984年为国企改革的第一阶段，主要内容是扩大国企自主权； • 在这一阶段，上海的国有企业改革除了按照中央路线进行了行政性公司向企业型公司的试点转型之外，还致力于开放和引进外资的经营模式，并率先开始进行股份制改造试点
第二阶段：承包经营责任制，股份合作制，政府投资市场化
• 1985—1992年为国企改革的第二阶段，主要内容是实行两权分离。在此期间，国有企业实行了承包经营责任制，但由于不能实现政企分开，企业无法真正自负盈亏，因而此后国有企业又在内部转换了企业经营机制，并配合推进了价格体制、流通体制和投融资体制的改革； • 上海按照中央的政策推行了承包经营责任制，并在集体小企业试点的基础上，推广到大中型企业
第三阶段：国资运营主体改革，现代企业制度建设
• 1993—2002年为国企改革的第三阶段，主要内容是建立现代企业制度。国有企业进行了战略性改组和国有经济布局的调整，建立了现代企业制度； • 在这一阶段，上海在全国率先试点国有资产管理体制中的国有资产运营主体改革
第四阶段：国有资产管理体制改革，国有资本流动机制，国资集中化
• 2003年至今为国企改革的第四阶段，主要内容是国有资产管理体制改革； • 上海市国企改革与中央基本一致，于2003年8月在原国资办的基础上成立了"管人、管事、管资产"相结合的国资委。此外，上海市在2005年开始逐步探索国有资本的流动，初步形成了国有资本"跨行业、跨部门、跨地区、跨所有制"的有序流动机制

图6-2　上海国企改革4个阶段

上海历来被称作"国有资产重镇"，根据2012年上海国资国企统计数据，上海国企达10667户，国企资产占全国比例17%，均位居全国第一。根据2014年上海国资国企工作会议，上海国企资产总额11.17万亿元，国资全系统营业收入18574.48亿元，利润总额达1003.50亿元，分别占全国地方省市国资企业的1/10、1/8和1/5，继续位列全国地方国资系统第一。最新数据显示，2019年上海国有企业实现营业收入3.7万亿元，同比增长5.5%；利润总额3486.6亿元，同比增长2.6%；资产总额21万亿元，同比增长10.1%；85家国有控股上市公司市值2.7万亿元，同比增长19%。

值得关注的是，上海国有企业拥有的土地规模庞大，但家底不清，2008年国资委统评处登记在册土地面积268.8km²，2010年上海市国资委对全市52家出资单位及其下属的4180家企业进行摸底。次年公布的土地调查报告指出，同口径下（剔除房地产开发用地）的土地总量多出一倍多，土地规模约550km²以上。

在上海，早期参与城市更新的多以央企、国企为主体，如张江集团、华鑫集团等，近两年万科、绿地等大房企纷纷跟进，这与上海市城市总体规划纲要（2015—2040）中提出"做好城市历史文化遗产和非物质文化遗产保护和传承，推动城市更新"不无关系。

2014年12月，融侨集团首次进入上海，以27.46亿元竞得上海宝钢长宁置业有限公司100%股权，其实质资产便是新华路街道71街坊8/3丘地块，项目总占地面积56970.8m²，地上计容总建筑面积12.9万m²，折合单价约2万元/m²出头，融侨在3年后才能拿到地，需长期持有100%商场和办公物业，若整体或分拆出售都需要在长宁区交够税（表6-1、表6-2、图6-3）。值得一提的是，毗邻上述地

土地基本信息   表6-1

总面积	56971m²	建设用地面积	47971m²
规划建筑面积	129041m²	代征面积	9000m²
容积率	2.69	出让形式	挂牌
出让年限	商业40年；文化、办公50年	位置	东至：淮海西路，南至：凯田路，西至：新华公寓，北至：安顺路
规划用途	办公楼，文体用地，商业用地		

137

6 上海、北京、深圳城市更新特点

块的新华路街道71街坊1/2丘J1A-04、16/2丘J1B-01地块于2013年5月以46亿元高价成交，折合楼板价达到了2.9万元/m²，竞得人为北京福润天成房地产开发有限公司。

土地交易信息 表6-2

交易状况	已成交	竞得方	上海宝钢长宁置业有限公司
成交日期	2014-04-10	交易地点	上海市规划和国土资源管理局
起始价	147600万元	成交价	147600万元
楼面地价	11438元	土地公告	长宁区新华路街道71街坊8/3丘A土地公告

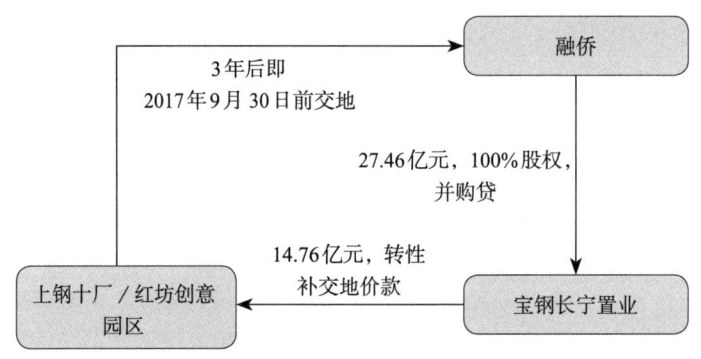

图6-3 土地信息和操作方式

6.3 北京城市更新特点——特别包含文创、沟域经济

北京位于华北平原北部，背靠燕山，毗邻天津市和河北省，全域面积16410.54km²，是上海近2.6倍，但多山地，山地面积占到总面积的60%以上。若以平原计，当前北京建设用地的开发强度已经达到57%，这意味着北京将近6成的平原地区被钢筋水泥覆盖，明显高于其他国际城市或国内城市（图6-4）。

近年来北京"大城市病"问题日益突出，城市建设受到土地瓶颈约束越来越大，未来建设用地增长空间已经十分有限。2015年4月，中央政治局会议审议通过《京津冀协同发展规划纲要》，其核心就是有序疏解北京非首都功能，首要任务是解决北京"大城市病"问题，为北京未来实现持续、良性发展腾挪空间（图6-5、图6-6）。

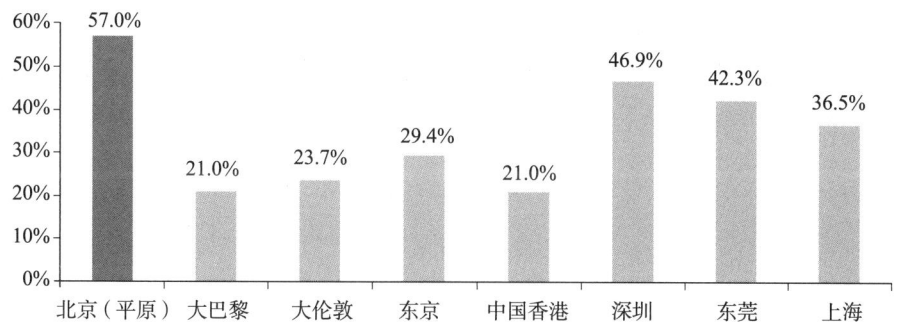

图6-4　北京建设用地的开发强度与其他城市对比

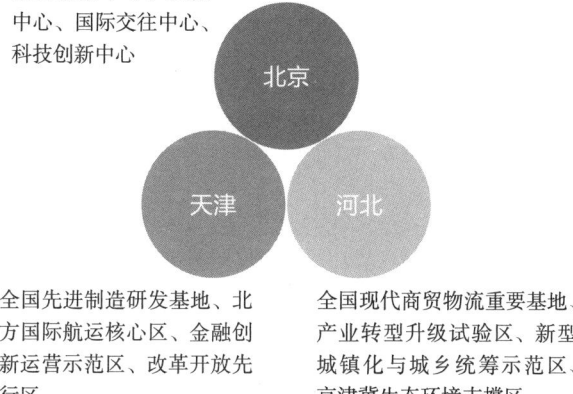

全国政治中心、文化
中心、国际交往中心、
科技创新中心

北京

天津

河北

全国先进制造研发基地、北
方国际航运核心区、金融创
新运营示范区、改革开放先
行区

全国现代商贸物流重要基地、
产业转型升级试验区、新型
城镇化与城乡统筹示范区、
京津冀生态环境支撑区

图6-5　未来京津冀三省市发展定位

近期到2017年	有序疏解北京非首都功能取得明显进展，在符合协同发展目标且现实急需、具备条件、取得共识的交通一体化、生态环境保护、产业升级转移等重点领域率先取得突破，深化改革、创新驱动、试点示范有序推进，协同发展取得显著成效
中期到2020年	北京市常住人口控制在2300万人以内，北京"大城市病"等突出问题得到缓解；区域一体化交通网络基本形成，生态环境质量得到有效改善，产业联动发展取得重大进展。公共服务共建共享取得积极成效，协同发展机制有效运转，区域内发展差距趋于缩小，初步形成京津冀协同发展、互利共赢新局面
远期到2030年	首都核心功能更加优化，京津冀区域一体化格局基本形成，区域经济结构更加合理，生态环境质量总体良好，公共服务水平趋于均衡，成为具有较强国际竞争力和影响力的重要区域，在引领和支撑全国经济社会发展中发挥更大作用

图6-6　京津冀协同发展的目标

2016年5月，国土部、国家发展改革委联合印发《京津冀协同发展土地利用总体规划（2015—2020年）》。文件明确规划期内，原则上不安排新增建设用地，鼓励将存量建设用地转化为生态用地；增量控制区不宜进行大规模开发建设，重点保障基础设施和公共服务用地，控制区域新增建设用地。作为特大城市的北京，土地控制相关政策接连出台，严控新增建设用地是大势所趋，且势在必行。

2016年12月，国家发展改革委等七部门联合印发《加强京冀交界地区规划建设管理的指导意见》，就强化协同协作、加强规划管理、保护生态环境、严格管控措施、统筹公共服务体系建设五方面对相关工作提出了具体要求，其中第四方面明确要求严控房地产开发建设，强化房地产市场管控，严控人口规模（图6-7）。

强化协同协作	明确了跨区域管控的重点地区和总体要求，强调坚持"一盘棋"谋划，突出绿色、宜居、人文、智慧发展，探索人口密集地区优化开发模式，建立目标同向、措施一体、互利共赢的跨区域规划建设管控新机制
加强规划管理	强调创新规划管理体制，交界地区有关县（市、区）的总体规划及专项规划由省级统筹编制，并加强与北京城市副中心、北京新机场临空经济区等规划衔接。严格控制城镇开发强度，开展交界地区整体城市设计，有序推进新型城镇化
保护生态环境	主要是建设环首都生态保护绿带，严格划定永久基本农田，拓展城乡绿色生态空间，完善跨区域生态环保联防联治机制
严格管控措施	重点是推进土地集约节约利用，严格产业准入管理，严控房地产开发建设，强化房地产市场管控，严控人口规模
统筹公共服务体系建设	强调加强公共服务设施建设，提高基本公共服务保障水平

图6-7 《加强京冀交界地区规划建设管理的指导意见》相关要求

2011年以来，北京积极落实减量发展目标，新增建设用地和住宅用地计划供应量持续缩减。2018年，北京新增建设用地计划控制在1740公顷以内，其中住宅用地计划供应1200公顷（商品住宅850公顷），连续四年保持低位运行。2015年以来北京年度住宅供地计划相比2011年已缩减近53%。据我们预测，未来北京住宅用地供应仍将长期处于短缺状态（图6-8）。

2017年2月，北京市委书记在中央媒体"京津冀协同发展调研行"上表示：目前北京城乡建设用地规模为2921km²，"十三五"规划控制目标定为2800km²以内，这就要求从2017—2020年全市年均减少存量30km²。从2017年开始，北京要先做"减法"，每年至少减少城乡建设用地存量30km²，减到30km²以上的，才

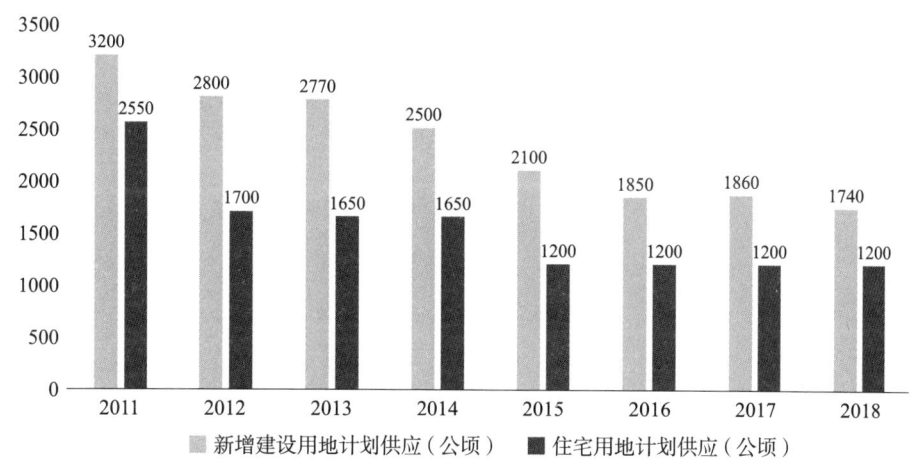

图6-8　2011—2018年北京新增建设用地供应情况

是当年新增建设用地的规模,以便对新增用地及新增产业形成更严格的约束。

在非首都功能疏解、新增建设用地受限、土地市场成交萎缩、地价高企等背景下,盘活存量用地将成为保障北京经济持续增长和产业转型升级的必由之路,也是未来开发商介入北京拿地的重要途径。目前北京的存量土地政策尚不具备系统性、稳定性,多是以委办局向政府请示、政府签报及委办局发文方式发布。

我们将存量土地开发利用方式进行梳理,如图6-9、图6-10所示。

教育科研、高新技术产业的新建利用方式	根据《北京市国土资源局关于科研类项目用地供应有关问题的请示》,对于教育科研及高新技术产业的新建项目,可以采用协议方式办理出让手续,这是国有企业存量工业用地利用的最常见方式,不仅可以实现一二级联动,还能大大提高土地利用效率,给企业带来较大经济收益(受减量规划影响,实施难度较大)
保障性住房利用方式	根据《关于进一步加强本市保障性住房建设和配租配售管理工作的意见》《关于加快中低价位自住型改善型商品住房建设的意见》《关于研究中心城棚户区改造定向安置房建设有关工作的会议纪要》等政策,市属国有企业可以利用自有用地建设公租房、自住型商品房及定向安置房等保障性住房。通过建设保障性住房,特别是自住型商品房方式来盘活闲置存量用地,是近两年经济效益较好的国有企业存量用地盘活利用方式,但是这种方式受相关政策影响,存在很大的不确定性
发展服务业利用方式	根据《北京市人民政府关于加快推进养老服务业发展的意见》及《关于利用存量资源发展养老等重点领域土地利用实施细则的意见》等政策,国有企业可以利用老厂区、老厂房发展符合规划的服务业,建设养老设施,或者发展文化创意产业。该利用方式既能盘活国有企业存量工业用地,又能获得一定经济收益,并且有相关政策支持,具有较好的适用性。但具体实施细则尚未出台,在实施过程中会受到一定程度的限制
旧城保护区的翻改扩建利用方式	根据《关于旧城保护区范围有关用地问题的请示》,对于旧城保护区范围(二环内)的改扩建项目,经规划部门和国土部门批准后,可按新的规划条件变更土地出让合同,调整地价水平、出让用途等相关合同条款。但是该利用方式仅适用于旧城保护区范围,适用性相对较差。此外,根据新基准地价和国土部"20号文",该利用方式需要缴纳高额政府土地出让收益,企业经济效益会受到很大的影响

图6-9　存量土地开发利用方式

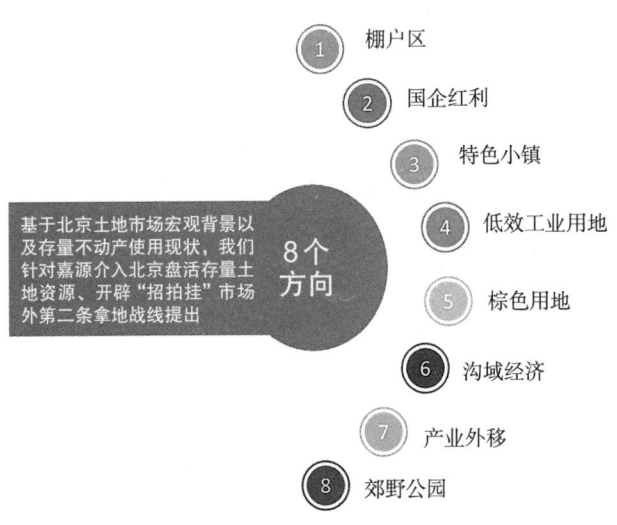

图6-10　存量土地拓展方向

北京山区占到市域面积的60%以上，山区范围涵盖房山、门头沟、昌平、平谷、怀柔、密云和延庆7区，包含83个山区和半山区乡镇，约1600多个村，面积达1.04万km²，其间流淌着大清河、永定河、潮白河、蓟运河四大水系，支流众多，构成诸多沟域。沟域经济是北京的首创，是一种新的山区经济发展模式。北京拥有1km以上的山沟2300多条、3km以上的山沟220余条，其中的164条沟拥有十分丰富的旅游资源和生态资源。北京沟域经济的主要特征是产业相近、村镇相接和区县相连，突破了区县的界限，形成巨型的产业带，是都市型现代生态型产业的聚集区（图6-11～图6-13）。

图6-11　沟域经济　　　　**图6-12　北京沟域经济形态**

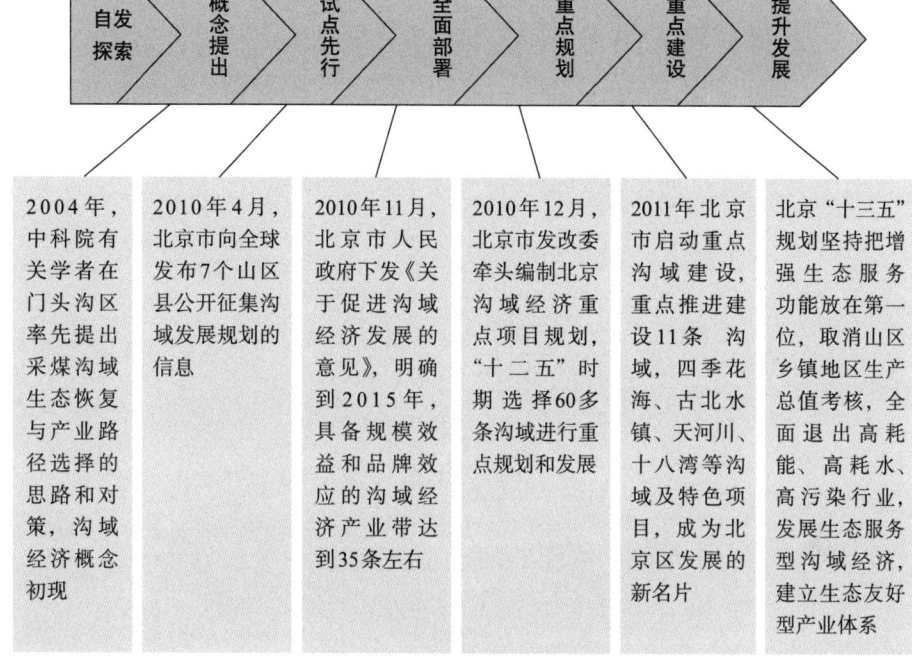

图6-13　北京沟域经济发展历程

自发探索	概念提出	试点先行	全面部署	重点规划	重点建设	提升发展
2004年，中科院有关学者在门头沟区率先提出采煤沟域生态恢复与产业路径选择的思路和对策，沟域经济概念初现	2010年4月，北京市向全球发布7个山区县公开征集沟域发展规划的信息	2010年11月，北京市人民政府下发《关于促进沟域经济发展的意见》，明确到2015年，具备规模效益和品牌效应的沟域经济产业带达到35条左右	2010年12月，北京市发改委牵头编制北京沟域经济重点项目规划，"十二五"时期选择60多条沟域进行重点规划和发展	2011年北京市启动重点沟域建设，重点推进建设11条沟域，四季花海、古北水镇、天河川、十八湾等沟域及特色项目，成为北京区发展的新名片	北京"十三五"规划坚持把增强生态服务功能放在第一位，取消山区乡镇地区生产总值考核，全面退出高耗能、高耗水、高污染行业，发展生态服务型沟域经济，建立生态友好型产业体系	

　　北京沟域经济发展自20世纪开始历经自发探索、概念提出、试点先行等多个阶段，至今已经形成"一区、两翼、三板块、多组团"的空间布局。

　　从发展模式上看，目前北京沟域经济建设主要分为自然风光引导、特色产业发展、民俗文化展示、生态修复切入、龙头景区带动、文化创意先导6种模式（图6-14），每种模式都有典型案例，起到了很好的示范动带动作用，指引了沟域开发建设的可能路径。

　　（1）自然风光引导模式，以保护沟域内自然环境为重点，以优美的自然风光吸引消费者，带动沟域发展生态休闲旅游产业。

　　（2）特色产业引导模式，因地制宜地培育沟域内地区特色产业，且形成融合、延伸的产业体系。

　　（3）民俗文化展示模式，是对沟域内的民族、宗教及民俗传统文化进行深度挖掘、精细包装，从而吸引消费群体、发展特色鲜明的民俗文化旅游。

　　（4）生态修复切入模式，是在矿山关闭的沟域，以生态修复为切入点，探索转型发展替代产业，实施生态工程建设，既为沟域"疗伤"，又为沟域"添景"，更为沟域内居民增收。

（5）龙头景区带动模式，是依托沟域内的自然资源、人文景观，对周边村庄和农户形成产业上的辐射带动。

（6）文化创意先导模式，将现代元素引进山区，落地沟域，植入沟域传统文化、闲置资源之中，形成创意产业，成为沟域建设的新载体、新模式。

图6-14　北京沟域经济发展模式

2016年10月，北京城建集团与密云区政府、北京市文化投资发展集团达到合作协议，共同出资设立的北京云蒙山投资发展有限公司。云蒙山，被称为"小黄山"，位于北京市密云县和怀柔区交界处，古称"云梦山"，是京郊著名的风景名胜区，也是北京市著名的国家级森林公园。境内山势耸拔，沟谷切割幽深，奇峰异石多姿，飞瀑流泉遍布，云雾变幻莫测，林木花草馥郁，自然风景十分优美。未来云蒙山风景区开发规模将超过古北水镇，并与古北水镇东西呼应，成为京北自然文化休闲旅游的双子星。

6.4 深圳城市更新特点——特别包含城中村改造

（1）城市更新类型

①综合整治类城市更新

综合整治类更新项目主要包括改善消防设施、改善基础设施和公共服务设施、改善沿街立面、环境整治和既有建筑节能改造等内容，但不改变建筑主体结构和使用功能。综合整治类更新项目一般不加建附属设施，因消除安全隐患、改善基础设施和公共服务设施需要加建附属设施的，应当满足城市规划、环境保护、建筑设计、建筑节能及消防安全等规范的要求。

②功能改变类城市更新

功能改变类更新项目改变部分或者全部建筑物使用功能，但不改变土地使用权的权利主体和使用期限，保留建筑物的原主体结构。功能改变类更新项目可以根据消除安全隐患、改善基础设施和公共服务设施的需要加建附属设施，并应当满足城市规划、环境保护、建筑设计、建筑节能及消防安全等规范的要求。

③拆除重建类城市更新

拆除重建类更新项目应当严格按照城市更新单元规划、城市更新年度计划的规定实施。

（2）深圳城市更新现状

2015年深圳建设用地总量已超过940km²，至2020年深圳只有30km²的新增建设用地指标，2016年起平均每年仅有6km²新增建设用地配额。

深圳城市更新对整体经济拉动作用显著，2009年至2018年城市更新投资额稳步增长，2018年首次达到了1071亿元，为2009年城市更新投资额16倍之多；同时，城市更新投资额占全市固定投资总额比例逐年稳步提升，从2010年仅4.80%的占比大幅上升至2018年的17.25%（图6-15、图6-16）。

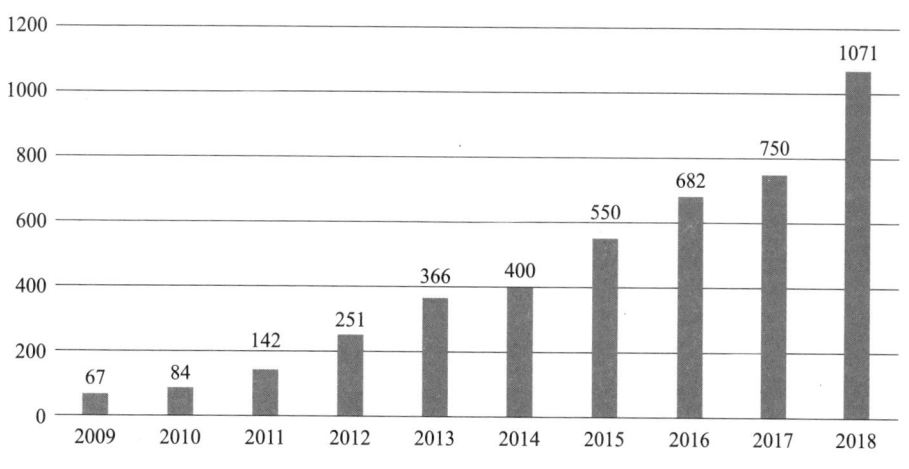

图6-15　2009—2018年深圳城市更新投资额（单位：亿元）

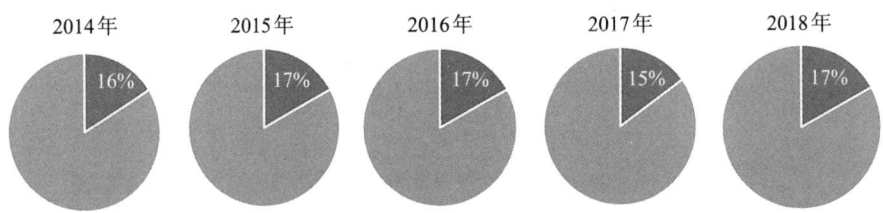

2014年	2015年	2016年	2017年	2018年
16%	17%	17%	15%	17%

图6-16　2014—2018年深圳城市更新投资额占全市固定投资总额比例

（3）深圳城市更新成果与进展

①2018年度配建人才住房等超25000套

在城市更新方面，2018年深圳市超额完成省"三旧改造"和市"十大专项行动"考核任务，基本实现"十三五"规划考核任务，通过更新单元规划配建人才住房、安居型商品房和公共租赁住房25238套，目标完成率为80%，新增规划筹集创新型产业用房22万 m^2，目标完成率为89%。

在土地整备方面，2018年深圳市超额完成土地整备年度任务和较大面积产业空间整备专项任务；年度重点工作大力推进，全市饮用水水源一级保护区范围内土地征转工作全部完成；重点片区和重大项目土地整备工作有序开展，推进了光明科学城、留仙洞战略新兴产业基地、坝光新兴产业基地等重点片区建设，保障了华星光电三期、丹平快速路、深华快速路、轨道6号线、轨道4号线北延、布吉水质净化厂、观澜污水处理厂（二期）等公共基础设施和重大项目的土地供应工作。

②2019年度安排土地整备资金180亿元、覆盖169个项目

城市更新2019年总体任务包括完成省"三旧改造"考核任务，年度全市新增实施改造任务不少于9000亩，完成改造任务不少于5600亩；年度全市完成旧工业区综合整治建筑面积不少于120万 m^2。

对于城市更新专项计划，2019年度全市新增拆除重建类城市更新单元计划用地规模不少于631公顷；新增规划配建人才住房、安居型商品房和公共租赁住房不少于32340套，创新型产业用房不少于24.5万 m^2。

土地整备方面，《深圳市2019年度城市更新和土地整备计划》要求2019年度计划全市完成土地整备资金拨付不少于180亿元，全市土地整备任务完成不少于16km²。将安排土地整备项目共169个，安排续建土地整备安置房建设项目4个，

安排新建土地整备安置房建设项目4个,安排土地整备利益统筹项目共102个。

值得一提的是,2019年度全市拆除重建类城市更新用地供应不少于246公顷,全市土地整备留用地批复不少于60公顷。

(4)棚户区改造工作流程

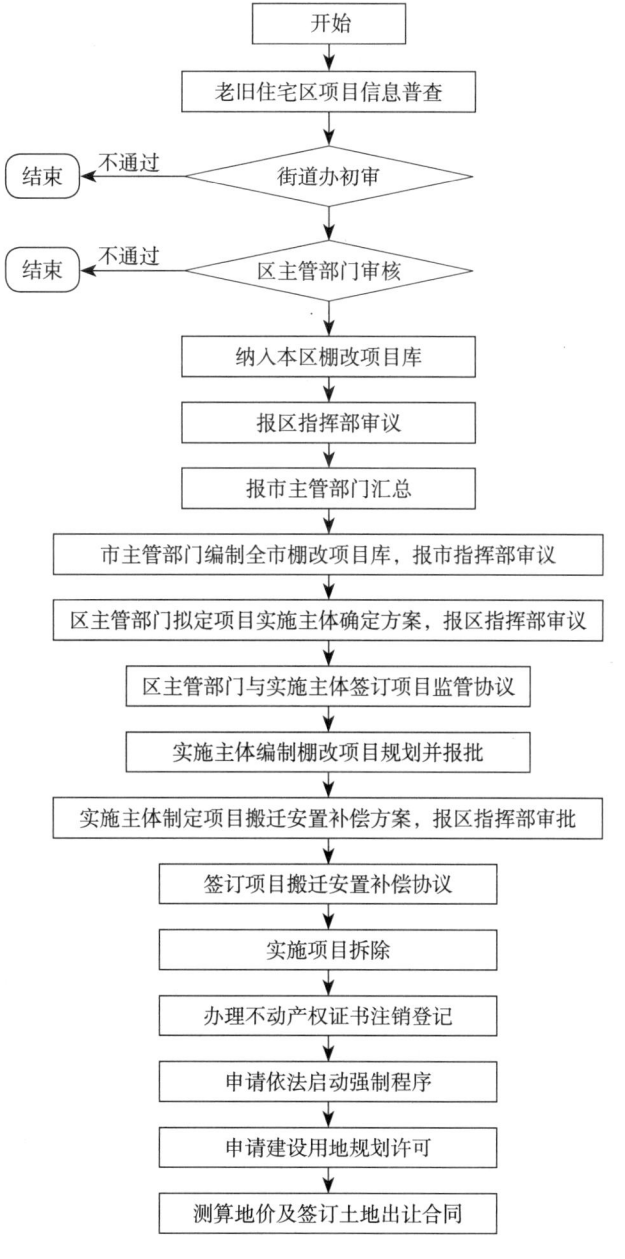

图6-17 棚户区改造工作流程

①老旧住宅区项目信息普查。街道棚改办应对辖区内老旧住宅区项目的土地使用、住房质量、居住情况、危旧程度、产权性质、居民改造意愿等相关信息进行摸底调查，并按照辖区主管部门要求建立辖区老旧住宅区项目信息清单，报区主管部门汇总。

②审核纳入棚户区改造项目库。区主管部门全面审核辖区各街道上报的老旧住宅区项目信息清单，符合棚户区改造政策适用范围且改造可行性较高的，纳入本区棚户区改造项目库，报区指挥部审议，审议通过后列入辖区下一年度棚户区改造计划并报市主管部门备案，同时纳入下一年度市、区房屋征收计划并启动相关前期程序。市主管部门汇总各区上报的棚户区改造项目，编制全市棚户区改造项目库，报市指挥部审议，审议通过后公开发布。

③确定棚户区改造项目实施主体。区主管部门根据已纳入项目库的棚户区改造项目情况，拟定项目实施主体确定方案，报区指挥部审议。区主管部门可指定市人才安居集团为实施主体，也可以通过公开招标的方式确定实施主体。区指挥部审议通过后，区主管部门应当与实施主体签订项目监管协议。

④编制棚户区改造项目规划。棚户区改造项目实施主体应当根据项目监管协议的要求，以及城市总体规划和片区法定图则的有关规定，综合考量用地性质、基础设施和公共配套设施承载能力、人才住房和保障性住房建设等因素，编制棚户区改造项目规划，并按要求报批。

⑤制定项目搬迁安置补偿方案。项目实施主体应当依据措施有关规定及项目所在区的棚户区改造搬迁安置补偿政策，在征求被搬迁人意见的基础上，制定项目搬迁补偿安置方案，报区指挥部批准。

⑥签订项目搬迁安置补偿协议。项目实施主体根据区指挥部批准的搬迁安置补偿方案，合理确定项目签约期限，与被搬迁人签订搬迁安置补偿协议。

⑦实施项目拆除。补偿协议签订完成后，项目实施主体应当按规定向区主管部门申请拆除备案，在区主管部门的组织和监督下完成建筑物拆除工程。

⑧办理不动产权证书注销登记。项目全部建筑物完成拆除后，实施主体应当持实施主体确认文件、补偿协议、不动产权证书、注销不动产权证书的委托书以及建筑物已被拆除的确认文件等相关材料，向不动产登记部门申请办理与补偿协议相对应的产权证书注销登记。

⑨申请依法启动强制程序。对签约期内少数业主住户拒不签约、拒不搬迁阻碍棚户区改造项目实施，损害大多数业主利益的，实施主体可以向项目所在区政府主管部门提交书面情况报告。

⑩申请建设用地规划许可。建筑物拆除和不动产权证注销后，项目实施主体应持实施主体确认文件、项目监管协议等材料，向规划国土部门申请建设用地审批。

⑪测算地价及签订土地出让合同。实施主体取得规划许可证后，应当依法向规划国土部门申请测算地价，按规定足额缴纳后，签订土地出让合同。

（5）创新型产业用房配建比例

创新型产业用房配建根据《深圳市城市更新项目创新型产业用房配建规定》，拆除重建类城市更新项目升级改造为新型产业用地功能的，创新型产业的配建比例为12%，配建比例是指项目改造后提供的创新型产业用房的建筑面积占项目研发用房总建筑面积的比例。城市更新项目位于《深圳经济特区高新技术产业园条例》适用范围内的，高新技术产业自行开发的产业升级改造项目，配建比例为10%，非高新技术产业的比例为25%。

根据《深圳经济特区创新型产业用房管理实施细则（试行）》，区创新型产业用房租金的价格实行政府指导价，由领导小组根据同片区、同档次产业用房市场评估价格拟定租金的价格标准，租金价格的调整周期最长为5年。租金价格原则上为同片区、同档次产业用房市场评估价格的30%～70%，重点企业确有必要超出此范围的，经领导小组提出初步审查意见后，提请区政府常务会议审定。

（6）创新型产业用房入驻标准

入驻创新型产业用房的企业，应符合下列领域之一：

①生物、互联网、新能源、新材料、文化创意、新一代信息技术和节能环保等战略性新兴产业；

②生命健康、海洋、航空航天以及机器人、可穿戴设备和智能装备等未来产业；

③总部经济、先进制造业、现代服务业、优势传统产业；

④商会、协会等与深圳经济特区产业发展规划相关的社会团体；

⑤科技企业孵化器、加速器等产业助推平台企业；

⑥"中国科学院""中国工程学院"院士团队等高层次创新创业团队；

⑦经领导小组同意的符合产业发展方向的其他产业。

除此以外，还要满足：

①注册地在深圳经济特区或拟将注册地迁入深圳经济特区；

②在深圳经济特区无自有办公物业（包括无办公用房、无地）；

③企业守法经营，无重大违法违规事项；

④总部注册在深圳经济特区且连续2年以上年财力贡献达到1000万元以上。

6.5 国内外城市更新案例

一、国内城市更新案例

（1）上海桃浦科技智慧城

2016年5月，上海市政府批复同意《桃浦科技智慧城控制性详细规划修编》。这份酝酿了数年的规划，勾勒出了桃浦未来的发展蓝图，为当时处于加速转型发展的普陀增添了新的引擎。

根据规划，上海桃浦科技智慧城总用地面积412公顷，其中，公共绿地120公顷，规划总建筑面积428万 m^2，商业及商务办公总建筑面积208万 m^2，研发建筑面积76万 m^2，住宅建筑面积110万 m^2。

由上海桃浦科技智慧城有限责任公司、临港集团共同开发。桃浦科技智慧城聚焦生态、业态、形态"三态合一"的转型目标，致力于打造"一核、一带、两轴、多片"的功能结构。"一核"，即结合武威路地铁站和中央绿地形成地区公共活动核心；"一带"，即以中央绿带作为地区重要的公共开放空间与活动廊道；"两轴"，即沿李家浜和新开河形成两条滨水休闲轴；"多片"，以步行五分钟的空间尺度划分多个功能片区，组团式发展以提高空间生活便利度。核心区城市设计则对照国际一流标准，引入世界先进技术，将产城深度融合、低碳绿色生态、城市设计人性化理念融入这片土地（图6-18）。

（2）北京官庄合作项目

项目位于朝阳区王四营乡（官庄村内），总用地面积约15.79公顷，其中建设用地面积约6.89公顷，容积率约3.2，净容积率的面积为22万 m^2，加地下室共30

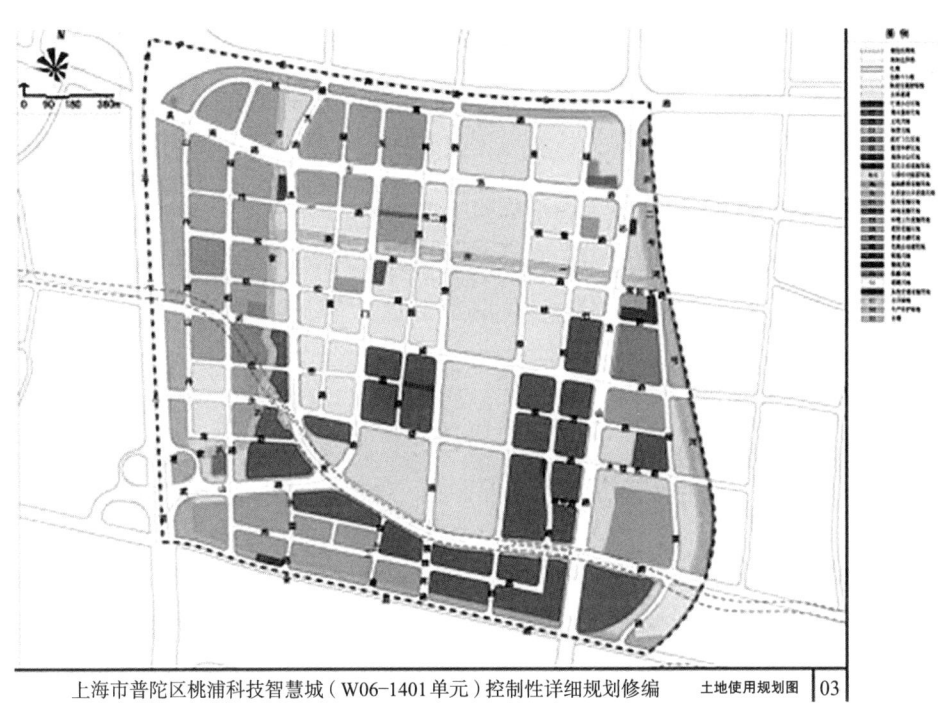

上海市普陀区桃浦科技智慧城（W06-1401单元）控制性详细规划修编　土地使用规划图 | 03

图6-18　上海市普陀区桃浦科技智慧城控制性详细规划修编

万 m^2，属于集体产业用地，总投资额24亿元，暂定为商业办公楼及附属配套。

项目采用合作建房的方式共同开发，投资方或投资方新设公司以合作项目开发所需的建设资金向项目公司增资，增资额根据建设资金的逐期投入逐步增加，投资方或投资方新设公司根据实际增资额，逐渐增加在项目公司的所占股份额度，直至项目建设竣工，投资方或投资方新设公司最终占项目公司51%的股权。土地方办理项目用地的拆迁、补偿、人员安置等工作并承担相关费用；投资方负责承担该项目开发建设所需的全部资金投入。双方对建成房产的分配方式：

①地面计容积率部分房产：土地方获得49%；投资方获得51%。

②按北京市建筑规范要求的最低配套房产：土地方获得49%；投资方获得51%。

③超出北京市建筑规范要求的最低配套房产：土地方获得20%；投资方获得80%。

项目建设完成后，土地方同意将享有使用权的项目资产在合作期限前20年承包给投资方，由投资方统一进行经营管理。承包期间，上述土地方承包给投资方的项目资产所涉及房产税、土地税按照土地方支付49%，投资方支付51%的方式缴纳；合作期满20年后，土地方享有使用权的项目资产可以自己经营也可承包给第三方经营。土地方同意，在同等条件下优先、优惠承包给投资方。

（3）深圳棚户区改造项目——渔农村

作为深圳福田区首个整体拆除重建的城中村改造项目，渔农村位于福田区南段的皇岗口岸，西靠福田口岸地铁站。原有村民住宅109栋，建筑面积11万m²，层数从6～16层不等。2005年5月金地集团深圳有限公司开始进行棚户区改造建设，改建物业包括住宅、商务公寓、商业裙楼组成，总户数2631户。

改造后的新项目建筑面积近20万m²，商业面积约3万m²，住宅面积约16万m²，并配套幼儿园一座以及社区管理和活动用房。新项目由8栋高层建筑以流畅的弧形线条大围合而成，充分地利用了深圳河与香港米埔的开扬景观，又结合了宜居的大社区庭院，居住品质优越。改造后新项目的3万m²商业体量，设有集中商业和内街商铺，足以满足片区的各类消费需求，并迎来皇岗地铁口岸巨大的人流商机。由于深圳的口岸物业可开发空间有限，渔农村旧城改造项目以其独一无二的地利优势、大规模商住优势以及清新典雅的外型表现，成为皇岗地铁口岸的地标建筑群，同时也成为口岸经济区的繁华中心（图6-19）。

图6-19　渔农村

（4）厦门空中自行车道

项目概况：该路段起于BRT洪文站，途经忠仑公园、湖边水库、双十中学及湖里高新园区，终于BRT县后站，全长约7.5km。全线路段共设置11个出入口，同时与沿线6处BRT站点、2处轨道站点、4处主要商业和行政办公衔接（图6-20）。

图6-20　厦门空中自行车道

该项目为EPC模式，中建钢构和中交三航局共同组成联合总包，其中土建部分由中交三航局负责，钢结构的制作和安装由中建钢构和中交三航局共同完成。

改造内容：本工程为独墩连续梁体系，桥梁断面分整体式和分离式两种；在BRT桥下设置分离式断面，在BRT外采用整体断面。

下部桥墩采用D100cm、D120cm内管混凝土圆管钢柱；上部主梁采用流线型钢箱梁作为主体受力结构，全线桥段共82联，其中分幅式桥梁51联、整幅式桥梁13联、异形式桥梁18联；下部墩柱300根墩柱支撑。

标准联跨径采用30m，每一联之间设置型钢伸缩缝，并通过橡胶支座将竖向荷载传递至下部桥墩；钢箱梁高1m，整体式宽度为4.8m，分离式宽度为2.8m，钢箱梁由顶板、底板、腹板组成，在其上布置扁钢作为加劲肋，钢材板厚主要为16mm、18mm、20mm。

（5）天安云谷升级改造

天安云谷（岗头工业区改造）项目为深圳市首宗、规模最大的"工改工"拆除重建类项目，建成后将提供产业用房140万m²。天安云谷不仅被纳入坂雪岗科

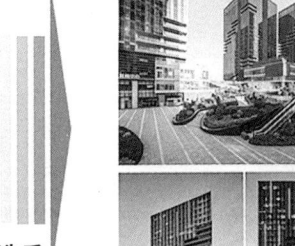

改造后

农房、旧厂房构成的低端制造工业区

"华南区高端信息产业基地"——龙岗区
大运软件小镇的华丽蜕变

图6-21　天安云谷改造前后

技城，还致力打造集科技、商业、生活、文化、教育等为一体的"世界级智慧产业综合体"，致力于发展以云计算、互联网、物联网等新一代信息技术为代表的新兴产业。

①设计思路

以办公为主体的综合型项目，其低区办公为5层；高区办公为7栋点式塔楼组成，分别坐落在03-02，03-03地块。项目规划以"云平台"为理念，将云计算"共享"与"自由"的精神运用于空间构成和服务体系等各个领域，形成名副其实的"云"谷。

②规划布局

规划设计上利用场地的高差变化、自然景观资源，在高密度的土地使用中合理地释放空间场所，将这些场所连接起来，以先进的规划手段营造"大云谷"的设计理念。"坡地景观公园"是一条与"云空间"垂直的位于71m标高处的开放式公园，它与各办公楼宇之间是一种开放式的联系，让整个景观资源融入每一栋办公大楼（图6-22）。

（6）佛山祖庙东华里片区改造项目

①项目简介

佛山祖庙东华里片区改造项目位于佛山市禅城区老城区中部，总占地面积63.9公顷，为旧城镇改造类型。片区内共有各级文物保护单位22处，其中佛山祖

中国城市更新理论与实践

图6-22　天安云谷现状图

图6-23　佛山祖庙东华里

庙和东华里古建筑群为国家级文物保护单位，简氏别墅为省级文物保护单位。该
片区是佛山文物古迹最密集，规模最大，传统风貌保存较完整的历史文化街区。
祖庙东华里片区改造是佛山市禅城区"三旧"改造的"龙头项目""世纪工程"。

2007年11月，祖庙东华里片区旧城改造国有土地使用权挂牌出让成交，项目的国有土地使用权由瑞安房地产有限公司旗下的8间公司以人民币75.1亿元的成交价联合竞买取得。目前项目正在实施。

②产权情况

改造范围涉及居民9635户，3万多人，片区内共有各级文物保护单位22处。片区改造主要涉及旧城镇内的居民的拆迁改造，居民通过购买商品住宅方式获得产权。产权的变更，主要是采取传统的政府拆迁模式，在拆除后净地出让给市场开发主体的模式。

③再开发情况

A.再开发前建设情况

改造前片区内分布着住宅、工厂、商场等，是佛山市区中心主要的生活、生产区域。片区房屋低矮破旧，杂乱无章，文保单位年久失修，毁损情况严重，乱搭乱建的违章建筑也是随处可见。影响市容环境，也存在很多治安隐患。

B.再开发改造模式：政府主导，市场运作，采取部分拆除重建、部分修旧如旧，恢复历史文化街区风貌实施改造

传统的旧城改造模式一般交由开发商完成动迁、补偿安置与拆迁改造全过程，因各方面限制，改造规模和效果不尽人意，容易因拆迁问题影响社会稳定。祖庙东华里片区改造项目创新采用"政府引导，规划引领，属地实施，市场运作，分步推进，各方受益"的改造模式和"毛地出让，净地移交"的土地移交模式，从机制上有效地保障了片区居民的利益。

2007年11月，祖庙东华里片区旧城改造国有土地使用权挂牌出让成交，项目的国有土地使用权由瑞安房地产有限公司旗下的8间公司以人民币75.1亿元的成交价联合竞买取得。

祖庙东华里片区改造，一方面结合环境风貌恢复部分古镇历史景观和历史建筑，拆除影响历史风貌的现代建筑物，改善基础设施，并辟出部分街区作原生态保护和展示；另一方面在引入现代商业元素的同时，鼓励民间手工艺以及老字号进驻经营。以现代化的手段保护和改造片区众多优秀历史文化建筑，通过资源价值的空间合理分布来分区保护、利用，充分挖掘佛山岭南历史文化特色，体现融合时尚元素与岭南文化的风情风貌。

C.目前改造进度及开发成效

祖庙东华里片区改造是佛山市禅城区"三旧"改造的"龙头项目""世纪工程"。在佛山市委市政府的大力支持下，禅城区委区政府高度重视，精心组织，提出"倾全区之力，超常规运作"的思路，力求达到科学规划、和谐拆迁、多方共赢的改造效果。按照总体规划，祖庙东华里片区改造工程预计总投资超过250亿元，净用地面积51.7万 m^2，地上总建筑面积约150万 m^2，其中住宅69.2万 m^2，商业20.7万 m^2，酒店/服务式公寓11万 m^2，办公写字楼45万 m^2，公共设施4.2万 m^2，地下零售7万 m^2。

目前项目已初见规模，成为融合岭南民俗文化，具有禅城时代特色和现代商业文明，辐射珠三角，影响华南地区集文化、旅游、商业、休闲、居住为一体的综合性街区，成为佛山又一标志地块和新的城市名片——岭南新天地。

D.改造前后效益对比

（a）经济效益

按照总体规划，祖庙东华里片区改造项目净用地面积51.7万 m^2，总建筑面积150万 m^2，总投资约250亿元，计划分五期开发建设，2018年完成整体开发。

祖庙东华里片区整体改造完成后，将极大带动周边区域的经济发展，促进商业、旅游、文化创意产业、餐饮、旅店业等第三产业的提升，巩固和提高祖庙东华里传统商圈的商业价值。

辐射珠三角，影响华南地区，集文化、旅游、商业、休闲、居住为一体的综合性街区，成为佛山市的城市中心和城市标志。日均客流量达2.5万～3万人，中秋、春节、五一、国庆等节庆日，客流量更达十几万人次。高峰时，日均接待50个旅游团。入驻商户超过200家，租金呈上涨趋势。

（b）社会效益

改造前片区内分布着住宅、工厂、商场等，是佛山市区中心主要的生活、生产区域。改造后该片区将打造成融合岭南民俗文化，具有禅城时代特色和现代商业文明，辐射珠三角，影响华南地区集文化、旅游、商业、休闲、居住为一体的综合性街区，成为佛山市的城市中心和城市标志。

为实现"多方共赢，民赢为主"的目标，在佛山市委、市政府的支持下，禅城区委、区政府将兆祥路南侧普君地块、佛山公园西侧地块以及丝绸大街北侧地块确定为本次改造工程的安置用地。丝绸大街地块主要用于安置直管公房的居民，兆祥路南侧普君地块和佛山公园西侧地块主要用于安置私产和单位产房的居民。普君新城、丝绸大街、佛山公园等3个安置小区先后于2012年完成交楼工作。通过拆迁安置，安置住户摆脱了过去脏乱差的居住环境，生活质量得到了明显提升，生活配套设置进一步完善。

（c）环境效益

公共设施比改造前增加4万m²，绿化面积比原来增加8倍，建筑密度由原来的70%降至40%。改造前片区房屋低矮破旧，杂乱无章，文保单位年久失修，毁损情况严重，乱搭乱建的违章建筑也是随处可见。影响市容环境，也存在很多治安隐患。改造后片区环境面貌得到了根本性的改变，形成了居住环境优美，基础设施完善，交通便利，文化氛围浓郁的新型城市中心区。

（d）文化效益

以祖庙—简氏别墅—东华里三处文物为核心形成规划区的公共活动中心，保护规划区的文物建筑、历史建筑、街巷和街区的传统风貌，发掘其潜在的物质与非物质的历史文化价值，使之成为最具岭南文化特色和最具影响力的核心。

E.改造前后对比

（a）改造前

（b）改造后

图6-24　东华里改造前后对比图

④主要措施

A.尝试"毛地"出让做法。祖庙东华里改造项目涉及居民上万户，涉及搬迁的居民超过3万人，搬迁安置补偿成本高达70亿元以上。如果按照传统政策，必须先由政府垫资完成搬迁补偿安置，将土地储备后再"净地"出让，那么禅城区政府很难有资金实力来推进该项目。

为解决祖庙东华里项目搬迁补偿急需的资金难题，禅城区政府依据省政府《关于推进"三旧"改造促进节约集中去用地的若干意见》（粤府〔2009〕78号）相关精神，大胆采取了"捆绑出让、净地移交"的方式，探索利用社会资金参与"三旧"改造的新模式。其基本做法是由政府将需拆迁安置的土地使用权以"招拍挂"方式出让确定改造主体，改造主体承担相关搬迁补偿安置费用，政府在完成拆迁补偿和安置后将净地移交给市场主体。

B.探索保护与利用相结合的新路子。据统计，东华里祖庙片区内共有各级文物保护单位22处，一直以来受到政府相关部门的严格保护。但实践证明，传统的政府主导下的只有财政支出而没有收益的单一的保护模式难以真正达到保护的效果。

为妥善处理文物保护与三旧改造之间的矛盾，既对片区进行开发利用，又对各级文件进行保护，该项目没有对文保建筑和历史建筑全部拆除，而是进行修葺加固，采取修旧如旧的方式妥善加以保护和利用，恢复传统历史文化街区的风貌。

目前，东华里片区大部分文物保护建筑不仅得到了充分保护，而且产生了非常好的经济效益，真正实现了保护和利用的双"丰收"。

C.以人为本，民赢为先，保障群众利益。拆迁是旧改工程最大的难题，禅城区政府确立"统筹各方利益，群众利益在首；实现多方共赢，民赢为先"的指导思想，制订了符合广大居民利益的拆迁补偿标准，并配套三个现代化小区满足拆迁户安置需求。区政府从全区各单位抽调200多名业务骨干，分10个功能组和50个动迁队专职负责东华里片区改造的动迁工作。工作中始终坚持依法办事，严格执行政策法规，充分保护拆迁户合法权益，做到"制度完善，程序严密，集体决策，监控到位"。

同时，做好拆迁户周转房或一次性安置房的租购工作，并对低保家庭采取临时救助和在确保人均住房保障面积前提下，分类帮扶，妥善安置。由于贯彻以人为本的工作理念，使祖庙东华里片区改造工作得到全社会的理解和支持，整个动迁安置顺利推进，未发生大的集体上访或非正常上访事件，实现经济社会的科学发展，得到中央和省信访督导组的高度肯定。

⑤存在的主要问题和原因

A."毛地出让"存在的问题。"毛地出让"的优点十分突出，但国家下发的一系列相关文件都不允许这样做法，而且政策本身引发的问题也非常致命。第一，地方政府如因搬迁补偿问题受阻，不能按期交地则会引发违约风险；第二，容易引发地方政府对土地权属人物业的强拆，激化矛盾，甚至引发社会不稳；第三，由于需要承担较大的风险，需要非常强势、有魄力的地方政府领导强力推进；第四，"毛地出让"通常难以做到真正意义上的公开出让，容易出现量身定制问题。正因为"毛地出让"存在的问题，加上与现行法律法规出现严重的冲突，全市在"东华里"改造项目之后再没有成功的典范。

B.保护与利用之间的矛盾问题。佛山市是历史文化名城，文保单位遍布全城，哪些可以拆除重建，哪些可以通过修缮进行充分利用，哪些应保持原貌，没有统一的界限和标准，这使得保护和利用容易形成一对矛盾，需要进行深入的探索。

⑥政策措施建议

东华里改造项目的"毛地"出让方式，解决了地方政府前期拆迁面临的资金周转问题，但这种操作模式，地方政府需要在限期内交地，为避免违约容易出现强拆现象。一方面，国家明令禁止这种做法；另一方面，这种做法面临的风险较大，很难全面推广。建议探索在拆除全部地上建筑物后的一定期限内，通过银行贷款的模式对补拆迁方进行补偿。这也是江苏、浙江地区普遍采取的做法。

（7）广州荔湾区永庆片区改造项目

①项目简介

恩宁路是广东省广州市危旧房最集中的区域之一，永庆片区位于恩宁路中段，邻近粤剧艺术博物馆。2012年，穗府会纪〔2012〕134号明确将恩宁路地块除博物馆用地以外的土地及已征收的保留房屋整体打包，交由荔湾区按照"历史文化名城保护和岭南文化名城建设"的要求进行建设开发、经营管理，收益主要用于平衡土地成本，为从"大拆大建"模式过渡到微改造模式提供了路径。随着恩宁路项目动迁工作的开展，永庆片区内的43栋批而未拆的房屋陆续被收回，其中有30栋经鉴定为严重损坏房屋，需要尽快进行修缮。2016年1月1日，《广州市城市更新办法》及其配套文件正式施行，为永庆片区的旧城镇微改造提供了政策依据和操作指引。修缮范围包括恩宁路69号至101号、至永庆大街、永庆一巷、永庆二巷、至宝大街、至宝西一巷，属于恩宁路旧城改造项目（下简称恩宁路项目）的一部分，占地面积约8000m²，修缮维护建筑面积约7800m²。

②再开发情况

A.再开发改造模式

项目改造主体为广州市荔湾区城市更新局及其下属事业单位荔湾区旧城改造项目中心、广州市万科房地产有限公司。采用政府与市场合作的BOT+微改造模式，定位打造成集众创办公、教育营地、长租公寓、生活配套为一体的"创客小镇"，打造吸引年轻人前来的创业创新集聚地。

B.目前改造进度及开发成效

该项目于2015年12月启动，2016年9月完成改造，目前运营情况良好。

永庆片区微改造项目对原有建筑物进行适度抽疏和修缮加固，加装全新消防管网，更新全部老化电线，增设小型消防站和电房各1个，在整体保留历史文物建筑和街区特色风貌的同时植入了"创客小镇"的新型创业模式，提升了建筑安全性和街区整体环境，提高了房屋及商铺租金收入，增加了公共休闲空间，拉动了片区及周边消费需求，对荔湾区改善旧城区人居环境，推进基础设施完善和公共服务设施全面提升有着积极意义，取得了"环境提升、文脉传承、功能转变、老城新生"的效果，为全省乃至全国历史文化街区的活化利用树立了典范。

作为广州第一个市场主体参与的旧城镇历史文化街区微改造项目，永庆片区改造总体实施机制设计为"政府主导，企业承办，居民参与"的模式，争取实现"三方共赢"。该项目并非采用土地出让的方式，其运作类似BOT（Build-Operate-Transfer）模式，前期房屋征收阶段由政府投入资金，后期微改造及运营阶段以整体打包方式承包给中标企业，企业负责全部资金投入及后期运营管理，15年期满后交由政府，通过政府与市场合作创造性地践行了微改造模式。

C.改造前后对比

（a）改造前　　　　　　　　　　　　　（b）改造后

图6-25　改造前后对比图

③主要措施

一是引入市场主体参与旧城改造。广州市积极探索引入社会主体参与改造的具体方式，荔湾区旧城改造项目中心就永庆片区微改造修缮和活化利用项目的投资、建设、运营进行公开招商，采用BOT方式引入广州市万科房地产有限公司进行投资建设，并赋予其15年的经营权，约定期满后交回荔湾区人民政府。

二是以"微改造"方式进行历史文化保护性整治。永庆片区改造项目根据《荔湾分区AL0126、AL0128、AL0129规划管理单元（恩宁路旧城改造更新地块）控制性详细规划导则更改》和《关于申请出具建设用地规划条件的复函》（穗规函〔2012〕763号）要求，编制了《永庆片区微改造建设方案》，改造项目遵循"修旧如旧，建新和谐；交通梳理，肌理抽疏；文保专修，资源活化"的原则对旧城镇进行更新改造，以历史文化保护为主要目的对周边环境进行整治。在房屋修葺上基本保持原有建筑的外轮廓不变，对其建筑立面进行更新、保护与装饰，强化岭南建筑整体风貌特色，保留岭南传统民居的空间肌理特点。

④存在的问题和原因

现行城市规划设计规范、建筑设计规范、消防标准等要求主要针对新增用地，对于老旧小区微改造项目缺少必要的政策支持，导致"永庆坊"一类的改造项目推进起来困难重重。主要表现为消防验收、工程报建等方面存在诸多难题，规划调整程序也往往耗时较长，大大增加了改造成本与经济风险，降低了改造主体积极性。

⑤政策措施建议

2018年10月，习近平总书记在永庆坊视察时指出，城市规划和建设要高度重视历史文化保护，不急功近利，不大拆大建。要突出地方特色，注重人居环境改善，更多采用微改造这种"绣花"功夫，注重文明传承、文化延续，让城市留下记忆，让人们记住乡愁。永庆片区微改造在改造模式上是一次创新，通过政府与市场合作创造性地践行了BOT+微改造模式，探索采取出售文化保护建筑使用权或产权的方法，引进社会资金建立保护历史文化建筑的新机制，实现"政府主导、企业承办、居民参与"的三方合作共赢效果，可以在未来其他低效土地再开发利用项目中加以借鉴和推广。

（8）上海黄浦区8号街坊留改项目

黄浦区地处上海城市最中心，高楼林立的背后依然存在着大量老旧住宅，这些房屋房龄长、结构差、体量大、基础薄弱，居民常年的"蜗居"状态使他们改善居住环境的愿望十分迫切。截至2018年年底，黄浦尚有各类旧式里弄住宅204万m²，其中，二级旧里以下81万m²，无卫生设施家庭依然有6.5万户。而其中约有1万户家庭暂未纳入征收范围，需要通过其他途径改善居住条件。

黄浦区根据市委市政府的总体部署要求，在"留改拆"大背景下，积极探索全新"留改"模式，在整体保留石库门风貌元素基础上，进行"留房留人"的有益尝试，以8号街坊一期（即承兴里项目）作为城市更新留改的试点，扎实推进环境综合整治，多措并举改善老旧小区居民的居住环境。

①基本情况

黄浦区8号街坊位于北京西路以北，青岛路以南，黄河路以西，新昌路以东。街坊建成于20世纪20—30年代，房屋形式多为砖木和混合结构的新旧式里弄建筑，包括承兴里、黄河新村等，房屋少量共用卫生设备，大部分无卫生设备，多户共用灶间，房龄老、结构差且超负荷使用，小区内私自搭建情况严重，原街坊道路通行困难，存在安全消防隐患和小区环境差等诸多问题。一期试点项目位于8号街坊的北部，实施范围内共有2幢新里，1排旧里（黄河路281弄1-31号（单号），黄河路253弄58-126号（双号）），共涉及约261户（居民253户，单位8户），建筑面积约为6798m²。

基于里弄房屋的现状、特点和保护工作的要求，我们形成几方面做法：一是保留里弄房屋建筑的肌理和风貌的同时，通过整治修缮、调整布局和内部整体改造，实现房屋整体质量提升；二是通过抽户释放房屋尤其是旧里房屋的空间和面积，降低居住密度和使用强度，实现每户居民厨卫设施独用；三是综合改造过程中，以租赁关系的调整作为法律支撑，回搬后重新换发租赁凭证，保证改造过程中的公平和公正；四是综合考虑改造后的小区配套设施完善，适度增加公共空间和提升生态环境品质。

2020年7月25日，黄浦区8号街坊环境综合整治及整体综合改造试点项目（黄河路253弄58-128号双号）竣工交付使用，居民正式回搬入户。

②工作措施

A.领导重视是前提。在承兴里项目的前期推进过程中，区委、区政府给予了高度的重视和支持。区委主要领导多次带领相关部门到项目现场调研，区人大领导也多次关心项目情况，分管领导亲自牵头抓推进。作为全市的房屋修缮留改试点项目，市住建委、市房管局在政策上也给予了大力指导和支持。领导的高度重视是压力也是动力，相关部门单位紧密配合，设立项目推进领导小组，并下设工作组，在人力、物力、财力上予以充分保障。

B.群众支持是基础。留改项目的改造原则是"房屋可以改，居民愿意改，政府尽力改"，居民群众改善居住条件的强烈愿望是实施此类项目最坚实、最有力的基础。在项目筹备和推进的过程中发现，只要改造政策真正从为居民谋福利角度出发，实实在在为老百姓做实事、做好事，公开透明，宣传到位，也许因为客观条件不能满足所有居民的诉求，群众也是理解支持的。过程中，南京东路街道、承兴里居委会以及负责此次修缮改造的金外滩集团工作人员，组成项目工作组，走进居民家中与居民进行——沟通，答疑解惑，获得了绝大部分居民的理解和认同。

C.设计方案是关键。此次项目涉及风貌保护，需保留石库门的原有风貌（天井、晒台保留）。内部空间的重新布局和调整，由于居民抽户情况的不同而方案需要同步调整变化；同时需兼顾公平公正，保证居民居住面积基本不变；老城区里弄房屋的阁楼、搭建、居民矛盾和诉求等实际情况，均对方案设计提出了极大挑战。方案制订和修改完善耗费了巨大精力，设计方案反复修改，反复酝酿，多方听取意见，特别是居民的意见，签约方案和抽户方案再三研究才确定。设计单位派出专人进驻现场，和工作小组紧密沟通，了解居民的实际居住需求，最终形成了"一户一方案"，既保留石库门历史风貌，又满足居民基本需求。

D.形成合力是支撑。通过此次项目，我们初步形成了由区房管局牵头，属地街道和公房管理集团负责实施推进的"三驾马车"模式，根据"综合修缮、环境整治、均衡改善"的原则和要求，制定政策口径，落实群众工作，进行前期沟通、协议签订、搬迁过渡和施工改造，最后实现居民回搬入住。在这个过程中，聘请专业律师事务所和设计单位全程参与，提供专业设计服务和法律咨询服务。各部门各司其职，形成合力，确保项目有力有序推进。

③存在的瓶颈和问题

A.缺乏法律法规的支撑

老旧住房保留保护改造作为一种创新尝试性质的改造方式，尚未有法律法规予以规范。而留改项目推进过程中，我们对于工作的要求是三个100%，即居民100%同意、100%签约、100%搬离。这三个100%是留改项目能否顺利推进的保障。而在现有政策框架下，若有少数居民不同意房屋改造方案，政府没有强制性的手段作为支撑。在此情况下，若通过法院判决，项目周期会大大延长，甚至项目的综合改造会因此停止。

此外，在设计方案、抽户补偿标准等方面也缺乏相应的法律依据，导致项目的推进较为困难，往往需要多方的反复协调沟通，无形中增加了大量的行政成本和时间成本。

B.方案设计难

一方面，受制于房屋的基础条件、居住密度、法规政策、技术规范、规划指标等各种因素，特别是以现有规划的建筑容积率、密度等为标准，可以调整的设计空间十分有限。另一方面，居民需求与设计方案息息相关，且老旧住房不规整，需要视实际情况不同形成"一户一方案"甚至"一户多方案"，还要兼顾公平公正，方案设计难度大、耗时长、调整多、变化快。且过程中的调整往往牵一发动全身，会影响整个项目的资金预算、工程周期、群众工作思路等。

C.财政投入较大，资金平衡困难

目前，留改工作主要集中于老旧住宅，通常的改造模式为调整房屋平面布局，优化空间，增设紧凑型厨卫设施（一般为 $3 \sim 5m^2$）并改为独用，同步解决房屋的安全隐患，改善小区居住环境。此项工作属于纯民生投入，按照现有改善标准，户均投入约在80万～100万元。有些留改项目建设周期较长还会产生大量的居民过渡费用。此外，由于黄浦的居住密度高，若涉及一定量的抽户，则成本将会进一步加大。而这些投入无法产生经济效益回报，财政资金压力较大。

D.居民诉求多元，改造标准与群众期待存在差距

尽管留改工作已通过老旧住房综合改造，给居民增设独用的厨卫设施，但基本原则还是"解困除危"。而里弄房屋存在不同程度的搭建问题，如8号街坊二期，晒台和天井基本满搭，有的搭建还不止1层。居民在面积上的获益程度有限，群众对于留改工作的获得感不如旧改强烈，造成群众工作困难。

此外，同时改建过程中由于历史矛盾和客观条件，居民诉求多元持久，难以一一满足。

（9）上海虹口区春阳里更新改造试点项目

春阳里里弄位于虹口闹市区，始建于1921年至1936年，建筑风格为典型的老式石库门，被列为上海市风貌街。小区内现有建筑单体共23栋，总建筑面积约22273m²，有1181户约3000多位居民生活在此。

2017年春阳里更新改造试点项目启动，基于原有里弄生态保留，通过空间布局升级改造、原有结构体系整体置换、历史风貌整体修缮保护、设备设施功能更新等技术，在保留、传承历史风貌的同时，提升结构安全性能，改善居住环境和品质，重现里弄生活空间（图6-26）。

①项目概况

项目区位：上海虹口区；

更新组织方：上海虹房（集团）有限公司；

更新投资方：市区财政；

设计团队：上海章明建筑设计事务所；

更新规模：7094.5m^2；

总投资额：约4680万元。

②设计创新——以城市更新理念，在保留原建筑风貌的前提下，用微更新、渐进式的保护方法，既保留保护历史文脉，又改善了旧区居民居住条件。

③模式创新——政府主导的直管公房非商业化改造；从"拆、改、留"变为"留、改、拆"的里弄改造探索；保证周围居民正常生活前提下的里弄改造。

④技术创新——在改造过程中，居民在外租房过渡，由政府承担租金，改造完成后居民再"回搬"。由于春阳里属于直管公房，所有改造的费用由市、区财政共同出资。

⑤运营创新——春阳里小区的更新试点改造，是在上海城市有机更新理念转变下所作的一个新的改造模式探索。基于原有里弄风貌留存，采取了多种施工技术方法来实现结构体系整体置换、历史风貌修缮保护，使得里弄居住环境和品

图6-26　上海虹口区春阳里

质得以提升，可为今后里弄建筑更新改造提供参考和借鉴。

二、国外城市更新案例

（1）美国波士顿昆西市场 Quincy Market 改建

①改造前身

昆西市场位于波士顿市中心市政厅后侧，紧邻波士顿港、金融区和市级百货商场，在旧有的广场基础上扩建而成，1926年开始运营，3栋2层高的建筑初期用于农产品储藏和肉制品交易。

随着市场的发展，该地区过于拥挤，建筑过于陈旧，昆西市场作为食品集散中心的功能逐渐丧失。

②改造策略

进行改造而非重建：1961年，为了重新开发城市滨水地区，波士顿再开发局将昆西市场列入该市的改造计划。与一般的大拆大建不同，该计划没有废弃原先的市场，而是决定对这3栋建筑进行修复改造。

昆西市场建筑以旧改新并非机械地再造过去的所有。相反地，而是保留建筑的历史精华等重要部分，并把它们融合到新建物体里。

为了保存那些历史的精华要素，建筑师们作了认真的辨析，对真值得保留的部分，不管多么精细，都按原体进行修建、置换或新建。建筑师们把这些规则扩展到市场的建筑风格、如门窗、照明、温室的添建和招牌广告都是20世纪后期的风格，与历史的大理石构筑物形成鲜明的对比（图6-27）。

图6-27　美国波士顿昆西市场 Quincy Market

③案例启示

大量的消费群体作为商业区的依托：有足够的上班族资源去支持这一新型商业中心的运营，另外还有20000人住在步行可达的范围之内。

便利的交通：6条新开的道路和一条拓宽路占地167000平方英尺，所征得的其他用地面积为142000平方英尺。

悠久的历史：早期的商业集中底端，利用此地段的商业集中性及废弃建筑不仅可以建立起一种当今流行的怀旧建筑氛围，而且具有极大的商业和旅游价值。

（2）加拿大温哥华Granville Island港口改造

①改造前身

格兰维尔岛位于温哥华市一条小河道上，一端与市区相连，河对岸温哥华商业中心区，面积15.2km²。

格兰维尔岛原是温哥华的重工业区，聚集了大量的制造业、机械工业和材料工业，岛内工业发展曾十分成功。"二战"后，大批工厂迁往市外工业区，加上几场大火，岛内工业彻底衰败。

②改造策略

A.注重保护、修缮格兰维尔上的历史建筑，并在设计中保持传统风格。

B.坚持可持续发展原则，并贯彻到经济、社会、环境各个方面。

C.规划一个松散的、随意可达的区域。

D.注重私密性及安全性。

E.财务合理，以确保开发的持续性。

③案例启示

A.商业及商务设施沿水岸建设，易于打造特色。

B.核心居住区位于区域中心，通过多条道路与四周的各种功能区域向联系。

C.随景造势制造建筑空间，将原有粗糙简单的工业建筑大胆保留，新建筑针对岛屿的历史文脉进行统一风格设计。

D.利用原来的总平面布局形成了几个尺度不大甚至不规则的室外广场。

E.将刻意保留且经过修饰的吊车轨道、管道，甚至轮船的尾桨作为饰品。这些工业元素与建筑物一起构成了浓厚的历史氛围，使人们更容易体验到历史所刻下的痕迹（图6-28）。

图 6-28　加拿大温哥华 Granville Island

（3）新加坡河两岸改造

①改造前身

新加坡经济从运输贸易为主导转变为工业型经济，而新加坡作为东南亚发展的明星，成为众多国家旅游的地方。

新加坡河横贯市中心区，周边地区多为金融与政府办公区。

地理位置、历史背景和新加坡河畔诸多有纪念意义的建筑。

河运枢纽、公交与地铁均能抵达附近地区，新建的地下隧道。

林荫道长6km（两岸各3km），宽10～15公尺，有露天餐厅和小吃部等。

②案例启示

A.区域价值整合：通过对新加坡河的清理，成功完成一加一大于二的区域改造工作，使脏乱差的新加坡河面貌一新，区域价值整合的主线就是旅游，通过对整体区域的准备定位，把散步在周边地区的不同景点连在了一条主线上——新加坡河。

B.配套设施齐全：伴随着旅游带来人群的流入，餐饮、商业、休闲场所也不断增加，新加坡河一带不仅仅成为旅游景点区，同样也是美食、休闲娱乐和购物的天堂。

C.社会问题引起的改造而带来经济价值的最大化。

D.以参加性休闲娱乐、餐饮、购物为主题，不仅仅是观光型的旅游区。

E.景区不仅仅吸引的是外地游客，同时也是本地人休闲娱乐的主要场所（图6-29）。

图6-29　新加坡河两岸

（4）德国柏林波茨坦广场

①改造前身："二战"前曾是繁荣的都市文化及交通中心，在"二战"中广场遭到严重毁坏，战后两条界墙之间的无人地带荒废多年，1990年两德统一后重新开发。

②改造成效：现在这一带已经成了柏林新面孔的代表地区。摩登建筑群与古典城区交互辉映，令人耳目一新。由建筑师Helmut Jahn、景观设计师Peter Walker设计的索尼中心已经成为当地最吸人眼球的标志性建筑（图6-30）。

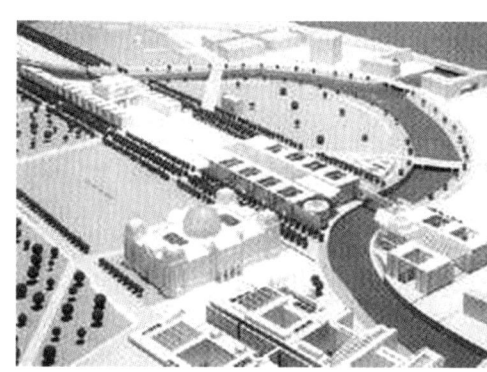

图6-30　德国柏林波茨坦广场

（5）西班牙毕尔巴鄂

①改造前身：30多年前，西班牙北部城市毕尔巴鄂还是一座"钢铁城市"，钢铁制造业和造船业是主要支柱产业，同时带来了水污染、雾霾等严重环境问题。

②改造模式：1991年，为城市复兴计，毕尔巴鄂市政府决定兴建一家现代艺术博物馆来发展旅游业，并邀请美国建筑大师弗兰克·盖里设计了古根海姆博

物馆。

③改造成效：博物馆建成后，在"古根海姆效应"下，毕尔巴鄂成功地从工业型经济转型到创造型经济，实现脱胎换骨（图6-31）。

图6-31 西班牙毕尔巴鄂

7

中国城市更新的展望

7.1 城市更新的思考

（1）重产业轻地产

万科集团：对待产业地产方面，我们有一个重产业轻地产的思路，就是如何思考作为一个地产开发商，作为一个城市配套服务商，如何和城市、产业以及这里面的细胞发生一些关系，有益、有效地推进这个城市发展的思路和想法。产业链上如果只是空间链上跟企业和产业服务，被复制和超越的机会可能就会特别多，所以我们觉得在一些产业园的定位上做一些不断的尝试。比如说我们做一些开放式创新的园区的产业落地，其中一个重要的方面就是国内的技术和产业联盟、加速过程中会帮助这些企业更好发展，更好地做一些城市的配套服务，以及我们自己作为一些技术参与的工作。

中天集团："现在做产业，已经不能简单地按照地产项目的模式来操作，不再是简单地拿地、建房、卖房了。产业地产未来发展趋势应该是去地产化，不再是简单投资和开发，产业才是产业地产的核心，服务运营和平台价值才是立足之本。"

战略房企名称变更情况

表 7-1

房企名称（旧）	房企名称（新）
保利地产	保利发展
合景泰富地产	合景泰富集团
中骏置业	中骏集团

房企名称（旧）	房企名称（新）
龙湖地产	龙湖集团
中航地产	中航善达
美的地产	美地置业
时代地产	时代中国
万科集团	多个地方公司名称取消"房地产"

（2）房企开始看重产业合作和产业资源，重视产业融合能力培养和外部合作

碧桂园与硅谷巨头思科、清华大学、中科院综合研究中心等30多家国内外知名机构建立战略合作关系；已汇聚企业产业资源1300多家（含52家世界500强），产业资源覆盖电子信息、智能创造、新能源等多维领域。

华润置地与浙大网新集团合作，搭建产业联盟，作为在产业地产、特色小镇、智慧园区建设的合作平台，形成双方在产业地产、信息技术、智能制造、医疗健康、节能环保等领域的综合合作渠道；并在产业园区共策共建、特色小镇联合开发、智慧园区协同建设、智慧城市与城镇化建设中业务模块联动与互补等方面进行深入合作。

阳光城与北京电影学院共同拟签署合作协议，在全国范围内合作发展影视产业及特色小镇项目，开展影视全产业链合作及影视园区建设等经营事项，战略合作关系有效期为10年。

泰禾集团与网竞科技举行战略合作签约仪式，双方共同宣布将在全国范围内推进电竞主题产业、拓展和打造产业特色小镇等方面开展全面。

保利置业集团与上海临港签订战略合作协议，双方将共同投资产业园区与城市更新类项目的开发建设。

复地集团与长江出版传媒股份有限公司拟共同投资32亿元，在东湖高新区建设长江数字文化产业园。

三盛宏业与国科高精科技有限公司签订战略合作协议，共同推进军民融合科技特色小镇建设。

（3）调整企业战略

在政策支持力度不断加大的背景下，加之一二线城市土地供应有限，特别是核心地段土地更是稀缺资源，单靠传统的"招拍挂"方式无法获取足够的优质土地储备，使得更多的房企加入城市更新和旧城改造中来。十九大报告也指出，我国社会主要矛盾已经转化为人民日益增长的美好生活需要和不平衡不充分的发展之间的矛盾。"住"是人民美好生活的最基本组成部分，众多房企提出了"美好生活"战略（表7-2）。

提出美好生活战略房企名单　　　　表7-2

序号	企业	美好生活定位	领域
1	万科	美好生活场景师	全产业链
2	金科	美好生活服务商	产品、社区服务
3	绿城	理想生活集团	社区服务
4	复星	打造全球家庭客户幸福生活方式	健康、消费、科技
5	融侨	城市美好生活综合服务商	投资策略；社区服务商业、教育、健康产业布局
6	旭辉	美好生活城市运营商	产品
7	融创	美好生活运营商	产品
8	中交地产	美好生活营造者	产品

（左侧图示）
— 美好生活场景师
— 实体经济生力军
— 创新探索试验田
— 和谐生态建设者

（4）产业基金

产业投资基金、产业发展基金都可以简称为产业基金，都可以起到扶持产业发展、扶持企业成长的作用，但是两者的概念、运作方式是有区别的。

一是产业投资基金，通常由投资机构设立，一般是指向具有高增长潜力的未上市企业进行股权或准股权投资，并参与被投资企业的经营管理，以期所投资企业发育成熟后通过股权转让实现资本增值。根据目标企业所处阶段不同，可以将产业基金分为种子期或早期基金、成长期基金、重组基金等。

二是产业发展基金，通常由政府部门设立，比如在中央部委，工信部有电子信息产业发展基金，国家发展改革委有多种类型的高新技术产业基金，国家科技部有创新基金；此外，许多地方政府也设立了多种类型的产业发展基金，与产业投资基金不同，产业发展基金对企业的投入以无偿或让利投入为主，反映了政府的产业政策取向。

① 政府背景型产业基金

由"新兴产业创投计划"政府财政资金出资设立新兴产业创投计划旨在通过中央财政资金直接投资创业企业、参股创业投资基金，从而达到培育和促进新兴产业发展的活动。因此这一类型产业基金的出资人，包括中央财政资金、地方政府资金以及各社会资本，由各级政府或有垄断性质的大型央企/国企发起。

② 机构背景型产业基金

VC/PE机构在设计产业基金时通常会综合考虑自身资源与潜在合作对象，这类机构通常与地方政府保持较好的关系，因此除了与上文呼应的结合新兴产业创投计划寻求中央财政资金支持外，也易得到地方政府委托及引导金的注入，机构可联合政府发掘当地的优势产业，其良好的政府资源也容易帮助机构撬动其他社会资金，所设产业基金多带有地域特点，如明石投资旗下酒业基金，就是当地茅台镇政府极力发展的产业。

③ 产业背景型产业基金

产业背景型产业投资基金的发起人通常为在某一领域内的大型公司，这类公司作为市场的成功者多拥有较大产业规模，熟谙行业内的事务规律。这一类型的产业基金一般拥有深厚的产业基础、强大的募资能力、合格的投资管理团队。和一般的财务性投资基金不同，这一类产业基金不因风险偏好而设定被投公司的投资阶段，更多关注自身在产业链上的战略布局以及被投企业长期的成长性。并购则是公司拓展自身业务的重要平台，通过制定战略规划锁定要投资行业，发掘行业中的潜在被并购对象。

（5）新兴产业投资

① 新能源汽车

恒大67.5亿港元入股美国新能源汽车FF公司，并成为最大控股股东。

宝能集团投资65亿元收购观致汽车51%的股权，进军新能源汽车产业。

华夏幸福董事长出资3.3亿元收购合众新能源约53.4%股份，他个人独资的拉萨行知创新成为合众新能源的最大股东。

复星国际战略投资新能源动力电池企业天津市捷威动力工业有限公司，并成为控股股东。

部分地产商布局新能源汽车   表7-3

地产企业	布局方向	新能源企业
恒大集团	新能源车制造	FF
万达集团	新能源车制造、储能	珠海银隆
宝能集团	新能源车制造	观致汽车
华夏幸福	新能源车制造	合众新能源
碧桂园	新能源产业链	—

万通地产拟以31.7亿元现金收购星恒电源股份有限公司78.284%股权，增加新能源电池业务。

②人工智能

绿地控股宣布拟战略投资3亿元入股深兰科技，成为深兰科技第二大股东。

万科便宣布6家合作伙伴，其中包括阿里智能、商汤科技、海康威视、科大讯飞、安亭伤害国际汽车城以及蔚来汽车。

恒大与中科院签署战略合作协议，双方打算在生命科学、航空航天、人工智能、机器人、智能交通等领域开展合作。

（6）企业成立更新集团情况

近六年企业成立城市更新集团情况一览   表7-4

成立更新集团	成立时间	控股企业
房地产企业		
华润置地城市更新（深圳）有限公司	2014年1月3日	华润置地
深圳卓越城市更新集团有限公司	2014年1月9日	卓越置业
深圳市龙光城市更新有限公司	2019年9月10日	龙光
深圳市佳泰佳兆业城市更新有限公司	2016年10月17日	佳兆业
中航城市更新置业（深圳）有限公司	2016年10月20日	中航
深圳市勤诚达城市更新有限公司	2016年11月11日	勤诚达
广州珠实城市更新发展有限公司	2017年3月3日	珠江实业
深圳市嘉霖城市更新集团有限公司	2017年3月9日	嘉霖集团
广东奥园城市更新集团有限公司	2017年7月27日	奥园
武汉富力新纪元城市更新置业有限公司	2017年8月22日	富力地产

成立更新集团	成立时间	控股企业
房地产企业		
深圳市花样年城市更新咨询有限公司	2017年11月29日	花样年集团
广州城市更新产业投资基金合伙企业	2017年12月29日	越秀
广州合生华南城市更新有限公司	2018年1月15日	合生集团
广东方圆城市更新投资有限公司	2018年2月5日	方圆
广州市广隆城市更新投资有限公司	2018年2月7日	佛山汇京置业
广东凯盈城市更新有限公司	2018年4月28日	凯盈地产
广州城市更新轨道交通产业投资发展基金合伙企业	2018年5月2日	广州地铁+越秀+珠江实业
广州华侨城城市更新投资有限公司	2018年7月3日	华侨城
广州龙兴城市更新有限公司	2018年7月31日	龙兴地产
广州翔龙城市更新集团有限公司	2018年8月13日	广州翔龙集团
中交城市更新（深圳）有限公司	2018年8月14日	中交房地产
上海城市更新建设发展有限公司	2018年10月25日	上海地产
广东中泰城市更新有限公司	2019年3月13日	中泰
吉林省融创城市更新投资合伙企业	2019年3月29日	融创
广州市凯诚城市更新投资发展有限公司	2019年4月11日	凯诚
广州信腾城市更新有限公司	2019年4月18日	谷元地产
广州珠发城市更新投资有限公司	2019年5月16日	珠光
广州市联泰城市更新有限公司	2019年5月28日	联泰房地产
投资企业		
深圳市华银城市更新有限公司	2018年10月19日	华银资本
上海金外滩城市更新建设发展有限公司	2017年12月8日	上海汇绿投资
广州众麟城市更新投资有限公司	2018年5月28日	广州盛世华宇投资
广州湾区智慧城市更新投资有限公司	2019年1月9日	广州永冠投资
科学城（广州）城市更新有限公司	2019年3月22日	科学城（广州）投资集团
珠海银际城市更新有限公司	2019年6月4日	广东湛启洋投资
湾汇城市更新（深圳）有限公司	2019年8月8日	金万通+著杰不动产（深圳）+大湾区产融投资
芜湖高和城市更新一号股权投资合伙企业	2018年12月14日	高和资本

7.2 城市更新的趋势

我们主要通过城市更新发展特征、运作现状及评价、政策解读、发展能力研究、城市更新路径、北上深城市更新特点以及国内外案例，对比国际经验，研究国内城市更新制度及经验。从主体看，城市更新最初是政府主导，后来出现市场，最后是多方主体共同参与；从效果看，早期追求经济效益，后期则是社会效益。随着中国城镇化进程加快，未来几年我国城市更新的发展趋势大致如下：

（1）未来中国城市有机发展动力主要来源于人民对美好生活的需求、社区的力量和城中村的空间需求，随着社会主要矛盾的变化和转移，注意到人民群众创造美好生活的能力后，城市存量更新会生长得更好、发展得更好。

（2）城市更新和高科技融合度更高更强，用科技去引领，用新空间去赋能城市更新，未来城市空间全部会智能化，如居住、办公和商业空间智能化程度更高。

（3）促进中国城市楼宇的产业化，无论是北京的腾笼换鸟，还是上海的转型升级，都在进行城市战略与产业战略的深度融合。

（4）随着中国类REITs业务发展，将有更多的房企参与城市更新领域，导致业态的多元化，使消费升级和动能转换结合，用新消费全方位赋能城市更新。

（5）中国城市从大拆大建到城市有机更新空间，未来的"新"表现在：复合空间，主题空间，共享空间，服务空间，科技空间和体验空间。

（6）城市更新是一个长期工程，需要政府、投资者和市民共同努力推动，就需要转变更新理念，其途径将更彰显设计的力量。

总而言之，中国目前的经济转型逐渐由高速度转向高质量，这与城市更新的发展趋势非常吻合，我们认为中国的城市更新要走向有机的、高质量的发展，为人们的美好生活贡献一份力量。城市更新已经成为我国城市发展的新常态，通过存量空间向增量价值的过渡与转换，最终实现城市的可持续发展之路。

附　录

中国房地产数据研究院2019年商业百强名单

TOP 1～20名　　　　　　　　　　　　　　　　附表1

排名	企业名称	排名	企业名称
1	万达集团	11	太古地产
2	红星地产	12	中国金茂
3	华润置地	13	新城控股
4	凯德集团	14	富力地产
5	万科印力	15	嘉里建设
6	恒隆地产	16	中海地产
7	大悦城	17	宝龙地产
8	新鸿基	18	绿地集团
9	龙湖地产	19	保利集团
10	九龙仓	20	上实城开

TOP 21～40名　　　　　　　　　　　　　　　　附表2

排名	企业名称	排名	企业名称
21	招商蛇口	31	碧桂园
22	陆家嘴集团	32	华侨城
23	中国国贸	33	丰树集团
24	金融街	34	长实地产
25	世茂集团	35	银泰集团
26	瑞安房地产	36	金地商置

排名	企业名称	排名	企业名称
27	北辰实业	37	金隅股份
28	SOHO中国	38	星河控股
29	新世界中国	39	远洋商业
30	合生创展	40	茂业国际

TOP 41～60名   附表3

排名	企业名称	排名	企业名称
41	中国奥园	51	泰禾集团
42	卓越置业	52	中国恒大
43	越秀地产	53	泛海控股
44	恒基兆业	54	合景泰富
45	复星国际	55	首创钜大
46	金鹰国际	56	金科集团
47	月星集团	57	深业集团
48	圆融集团	58	佳源商管
49	协信集团	59	正荣商业
50	中南商业	60	雅居乐

TOP 61～80名   附表4

排名	企业名称	排名	企业名称
61	苏宁置业	71	建发股份
62	佳兆业	72	禹洲商业
63	弘阳集团	73	旭辉集团
64	杭州新天地	74	证大集团
65	蓝光发展	75	华南城
66	丽丰控股	76	阳光100
67	中信泰富	77	国瑞商业
68	南国置业	78	卓尔集团
69	京基集团	79	世纪金源
70	五洲国际	80	国购集团

排名	企业名称	排名	企业名称
81	锦艺集团	91	明发集团
82	卓展集团	92	步步高置业
83	路劲地产	93	中骏置业
84	时代商业	94	阳光新业
85	鹏欣地产	95	鲁能集团
86	花样年	96	SM中国
87	仁恒置地	97	东方世贸
88	莱蒙国际	98	绿城中国
89	南丰集团	99	英利国际
90	首开股份	100	鸿荣源

中国房地产数据研究院2019年商业地产品牌TOP50名单

排名	企业名称
1	恒隆地产
2	九龙仓
3	太古地产
4	华润置地
5	凯德集团
6	新城控股
7	龙湖地产
8	红星地产
9	雅居乐
10	新鸿基

排名	企业名称	排名	企业名称
11	中国恒大	21	越秀地产
12	万科印力	22	蓝光发展

排名	企业名称	排名	企业名称
13	万达集团	23	富力地产
14	大悦城	24	中国奥园
15	世茂集团	25	正荣商业
16	保利集团	26	新世界中国
17	华侨城	27	绿地集团
18	中海地产	28	卓越置业
19	首创钜大	29	星河控股
20	碧桂园	30	中国金茂

TOP 31～50名　　　　　　　　　　　　附表8

排名	企业名称	排名	企业名称
31	金融街	41	宝龙地产
32	阳光城	42	SOHO中国
33	金科集团	43	远洋商业
34	合景泰富	44	佳兆业
35	长实地产	45	中南商业
36	弘阳集团	46	招商蛇口
37	益田集团	47	合生创展
38	苏宁置业	48	美的置业
39	嘉里建设	49	协信集团
40	复星国际	50	月星集团

2019年中国房地产金融稳定企业评价榜名单

钻石级企业　　　　　　　　　　　　附表9

等级	企业名称
钻石级	中海地产、华润置地、新鸿基地产、太古地产、长实集团、恒基地产、九龙仓置业、上海临港、保利地产、龙湖集团、万科、恒隆地产、招商蛇口、嘉里建设、上海地产、新世界发展、陆家嘴、张江高科、广宇发展、中铁置业、浦东金桥、铁建地产、上海城投置地、上海建工地产、华侨城、金地集团、龙光地产、滨江集团、世茂房地产

优质级企业　　　　　　　　　　　　　　　　　　　　　　　　附表10

等级	企业名称
优质级	中华企业、万业企业、嘉华国际、深房集团、中关村、苏宁环球、仁恒置地、万达商管、外高桥、深物业、中国金茂、粤海置地、碧桂园、上实控股、中国恒大、苏州高新、电建地产、渝开发、上实发展、南山控股、五矿地产、力高集团、冠城大通、深业集团、三湘印象、福晟集团、光大嘉宝、天安、中体产业、越秀地产、绿地控股、同济科技、南京高科、新黄浦、万通地产、中电光谷、南国置业、天保基建、卓越商管、中建东孚、京汉股份、大悦城、复地集团、国贸地产、凤凰股份、合肥城建、中国武夷、联发集团、世荣兆业、京能置业、宝安地产、华夏幸福、中海宏洋、路劲、荣盛发展、奥山集团、天誉置业、深振业A、金科集团、北京建工地产、中冶置业、荣安地产、沙河股份、顺发恒业、长春经开、西藏城投、美好置业、旭辉集团、金融街、阳光城、阳光股份、招商局置地、光明地产、中国宏泰发展、远洋地产、建发房产、华联控股、格力地产、首开股份、深圳控股、时代中国、大名城、广东宏远、信达地产、保利置业、海信地产、蓝光发展、新城控股、广宇集团、融创中国、大龙地产、绿城中国、象屿地产、华宇地产、天健地产、宁波联合、中渝置地、中交地产、首创置业

一般级企业　　　　　　　　　　　　　　　　　　　　　　　　附表11

等级	企业名称
一般级	武汉地产、合生创展、雅居乐、北京城建、北辰实业、SOHO中国、俊发集团、卧龙地产、瑞安房地产、京投发展、浙江广厦、葛洲坝地产、上实城开、美的置业、宋都股份、红星地产、正荣集团、朗诗绿色、富力地产、中南建设、金成房产、新湖中宝、新希望地产、香江控股、福星股份、东原地产、三木地产、海伦堡、栖霞建设、金辉集团、金隅地产、奥园集团、绿都地产、新天地产、海尔地产、中洲控股、融侨集团、荣丰控股、中梁控股、禹洲地产、华远地产、弘阳地产、华发股份、星河地产、德信中国、当代置业、宝龙地产、佳源国际、大唐地产、大发地产、珠江投资、康桥集团、祥生地产、雅戈尔地产、绿景中国、三盛控股、融信集团、大华集团、天地源、花样年、建业地产、佳兆业、天房发展、中骏集团、新力地产、中庚集团、敏捷集团、隆基泰和、华鸿嘉信、领地集团、粤泰股份、彰泰集团、和昌集团、文一地产、中昂集团、石榴集团、上坤集团、恒泰集团、鸿坤伟业、实地集团、升龙集团、吉宝置业、爱家集团、保集集团、中锐地产、新欧鹏地产、港龙集团

谨慎级企业　　　　　　　　　　　　　　　　　　　　　　　　附表12

等级	企业名称
谨慎级	合景泰富、中天金融、华南城、伟业控股、沿海家园、明发集团、ST银亿、海蓝控股、景瑞控股、泰禾集团、众安房产、珠光控股、鑫苑置业、协信控股、新华联、莱蒙国际、鲁商置业、国瑞置业、北大资源、银城国际、三盛宏业、泰达地产、亚泰地产、新明中国、中国新城市、阳光100、上海证大、正商实业、亿达中国、上置集团、天山发展、恒盛地产、金轮天地、云南城投、天津松江

中国房地产数据研究院2020年商业百强名单

TOP 1～20名
附表13

排名	企业名称	排名	企业名称
1	万达商管	11	大悦城
2	红星地产	12	恒隆地产
3	华润置地	13	九龙仓
4	龙湖地产	14	嘉里建设
5	凯德集团	15	保利地产
6	万科印力	16	富力地产
7	中海发展	17	绿地控股
8	陆家嘴集团	18	上实城开
9	新城控股	19	碧桂园
10	远洋商业	20	中国国贸

TOP 21～40名
附表14

排名	企业名称	排名	企业名称
21	招商蛇口	31	新鸿基
22	中国金茂	32	花样年
23	瑞安房地产	33	华侨城
24	合生创展	34	金融街
25	北辰实业	35	SOHO中国
26	世纪金源	36	中信泰富
27	太古地产	37	新世界发展
28	苏宁置业集团	38	恒基兆业
29	金隅股份	39	茂业国际
30	宝龙地产	40	中国恒大

TOP 41～60名
附表15

排名	企业名称	排名	企业名称
41	SM中国	51	丽丰控股
42	深业集团	52	越秀地产

附录

排名	企业名称	排名	企业名称
43	宝能商业	53	复星国际
44	卓越商管	54	金地商置
45	世茂集团	55	银泰集团
46	金鹰国际	56	中南商业
47	华南城	57	月星集团
48	东方世贸	58	合景泰富
49	卓尔集团	59	首创钜大
50	佳兆业	60	国瑞商业

TOP 61～80名   附表16

排名	企业名称	排名	企业名称
61	长实地产	71	明发集团
62	旭辉集团	72	南国置业
63	时代商业	73	佳源商管
64	泰禾集团	74	禹洲商业
65	弘阳集团	75	星河控股
66	杭州新天地	76	泛海控股
67	中国奥园	77	证大集团
68	绿城中国	78	建发股份
69	雅居乐	79	协信集团
70	阳光100	80	中骏集团

TOP 81～100名   附表17

排名	企业名称	排名	企业名称
81	金科集团	91	步步高商业
82	京基集团	92	上亿企业集团
83	仁恒置地	93	卓展集团
84	莱蒙国际	94	锦和商业
85	蓝光发展	95	圆融集团
86	光控安石（大融城）	96	鹏欣地产
87	正荣商业	97	凯华地产

排名	企业名称	排名	企业名称
88	龙光商业	98	福晟集团
89	路劲地产	99	五洲国际
90	锦艺集团	100	鸿荣源

中国房地产数据研究院2020年商业地产品牌TOP50名单

TOP 1～10名   附表18

排名	企业名称
1	恒隆地产
2	九龙仓
3	凯德集团
4	太古地产
5	华润置地
6	红星地产
7	龙湖地产
8	万科印力
9	新鸿基
10	万达商管

TOP 11～30名   附表19

排名	企业名称	排名	企业名称
11	新城控股	21	世茂集团
12	大悦城	22	瑞安房地产
13	中海发展	23	新世界发展
14	保利地产	24	远洋商业
15	绿地控股	25	富力地产
16	碧桂园	26	招商蛇口
17	中国金茂	27	宝龙地产
18	中国恒大	28	苏宁置业集团
19	雅居乐	29	花样年
20	嘉里建设	30	华侨城

排名	企业名称	排名	企业名称
31	金融街	41	合景泰富
32	中信泰富	42	首创钜大
33	恒基兆业	43	SOHO中国
34	合生创展	44	华南城
35	世纪金源	45	东方世贸
36	卓越商管	46	旭辉集团
37	佳兆业	47	时代商业
38	越秀地产	48	中国奥园
39	复星国际	49	中南商业
40	金地商置	50	月星集团

2020年中国房地产金融稳定企业评价榜名单

钻石级企业　　　　　　　　　　　　　　　　　附表21

等级	企业名称
钻石级	中海地产、华润置地、新鸿基地产、龙湖集团、招商蛇口、恒基地产、上海地产、上海临港、长实集团、万科集团、保利地产、中华企业、上海城投控股、金地商置、金地集团、九龙仓集团、龙光地产、苏宁环球

优质级企业　　　　　　　　　　　　　　　　　附表22

等级	企业名称
优质级	世茂集团、铁建地产、碧桂园、南京高科、滨江集团、嘉华国际、中铁置业、大名城、浦东金桥、新世界发展、新城控股、上实发展、嘉里建设、万达集团、厦门国贸地产、深圳控股、上海建工地产、荣安地产、深物业、荣盛发展、金科集团、中海宏洋、黑牡丹、华侨城、深房集团、深振业、电子城、越秀地产、天誉置业、时代中国、合肥城建、华夏幸福、华联控股、万业企业、九龙建业、三湘印象、卓越集团、深业集团、荣丰控股、中梁控股、佳源国际、蓝光发展、融创中国、建发房产、江苏凤凰股份、外高桥、广宇发展、天保基建、金融街、中建东孚、华丽家族、大悦城、阳光城、卧龙地产、旭辉集团、合生创展、新力地产、苏州高新、东原地产、中国金茂、复地集团、香江控股、京能置业、大龙地产、广汇物流、融信集团、绿地集团、联发集团、粤海置地、北京城建、中国恒大、大家房产、中冶置业、美的置业、电建地产、中国宏泰发展、路劲、格力地产、首开股份、保利置业、仁恒置地、招商局置地、天安、正荣集团、力高集团、中南建设、新黄浦、上实城开、远洋地产、新希望地产、绿城中国、红星地产、京汉股份、奥园集团、德信地产、信达地产、海尔产城创、华发股份、象屿地产

（三）一般级企业　　　　　　　　　　　　　　　　附表23

等级	企业名称
一般级	新湖中宝、中洲控股、北辰实业、首创置业、瑞安房地产、华宇地产、绿都地产、五矿地产、雅居乐、宝龙地产、光明地产、金隅地产、绿景中国、佳兆业、富力地产、世荣兆业、财信发展、大唐地产、禹洲地产、弘阳地产、中交地产、中骏集团、南山控股、葛洲坝地产、南国置业、美好置业、大发地产、建业地产、朗诗绿色、明发集团、花样年、合景泰富、中电光谷、远东发展、融侨集团、奥山集团、西藏城投、中天城投、宋都股份、光大嘉宝、敏捷集团、珠江投资、天地源、栖霞建设、福星股份、金辉地产、海伦堡、康桥集团、上坤地产、嘉凯城、辰兴发展、三巽地产、珠江实业、华远地产、中庚集团、银城国际、鹏润地产、当代置业、大华集团、星河控股、金成控股、万通地产、许昌恒达、武汉地产、三盛控股、珠光控股、宏安集团、实地地产、锦艺集团、祥生地产、众安房产、广宇集团、景瑞地产、保集集团、华南城、星河湾、广州方圆、苏宁置业、泰达地产、中昂集团、祥源地产、文一地产、俊发集团、上海爱家、方直集团、鑫苑中国、成都德商、石榴置业、阳光大地、祥瑞置业

谨慎级企业　　　　　　　　　　　　　　　　　　附表24

等级	企业名称
谨慎级	安徽恒泰、上海升龙、桂林彰泰、中国新城市、许昌宏安、阳光100、海航基础、领地集团、天阳地产、天房发展、鲁商置业、协信控股、京投发展、天山发展、国瑞置业、首创钜大、金轮天地、隆基泰和、亿达中国、伟业控股、港龙地产、云星集团、福晟集团、正商置业、莱蒙国际、亚泰地产、粤泰股份、和昌地产、山水文园、鸿坤伟业、泰禾集团、上海恒盛、北大资源、云南城投、三盛宏业、上置集团、中锐地产、上海证大、新华联、ST新光

2020年中国城市开发投资企业500强榜单

（一）总榜单

2020"中国城市开发投资企业500强"榜单

排名	企业名称	评分
1	中国石油化工股份有限公司	87.191
2	国家电网有限公司	85.451
3	中国石油天然气股份有限公司	84.337
4	中国建筑集团有限公司	74.487
5	北京国有资本经营管理中心	72.459
6	中国移动有限公司	72.446

排名	企业名称	评分
7	中国平安保险集团股份有限公司	72.381
8	华为投资控股有限公司	70.273
9	中国中铁股份有限公司	69.039
10	国家能源投资集团有限责任公司	68.981
11	中国铁建股份有限公司	68.952
12	中国融通资产管理集团有限公司	——
13	上海汽车集团股份有限公司	68.951
14	中国电信股份有限公司	68.462
15	中国南方电网有限责任公司	68.420
16	碧桂园	67.876
17	中国第一汽车集团有限公司	67.796
18	腾讯控股有限公司	67.634
19	中国恒大	67.514
20	阿里巴巴集团控股有限公司	67.463
21	京东商城电子商务有限公司	67.236
22	中国宝武钢铁集团有限公司	67.146
23	正威国际集团有限公司	67.079
24	万科地产	67.020
25	中国交通建设集团有限公司	67.011
26	太平洋建设集团有限公司	66.783
27	中国五矿集团有限公司	66.778
28	中国中化集团公司	66.716
29	中国海洋石油有限公司	66.692
30	绿地控股	66.652
31	国药控股股份有限公司	66.549
32	中国中信股份有限公司	66.503
33	中国邮政集团公司	66.487
34	华润置地	66.457
35	红星地产	66.437
36	中国华能集团有限公司	66.411
37	厦门建发集团有限公司	66.340

排名	企业名称	评分
38	国家电力投资集团有限公司	66.315
39	广州经济技术开发区	66.202
40	中海地产	66.195
41	龙湖集团	66.195
42	南京经济技术开发区	66.166
43	杭州高新技术产业开发区	66.095
44	中国航空工业集团有限公司	66.055
45	融创中国	66.052
46	苏州工业园区	66.020
47	中关村国家自主创新示范区	65.975
48	常州国家高新技术产业开发区	65.957
49	深圳高新技术产业开发区	65.941
50	中国兵器工业集团有限公司	65.928
51	上海张江国家自主创新示范区	65.849
52	中国联合网络通信股份有限公司	65.841
53	中粮集团有限公司	65.817
54	漕河泾经济技术开发区	65.773
55	保利发展	65.746
56	南京江宁经济技术开发区	65.722
57	浙江省国有资本运营有限公司	65.698
58	青岛经济技术开发区	65.652
59	武汉东湖国家自主创新示范区	65.646
60	中国神华能源股份有限公司	65.643
61	上海地产(集团)有限公司	65.628
62	美的集团股份有限公司	65.626
63	天津滨海高新技术产业开发区	65.603
64	万达集团	65.589
65	宁波经济技术开发区	65.583
66	惠州仲恺高新技术开发区	65.549
67	中国远洋海运集团有限公司	65.486
68	华夏幸福	65.454

排名	企业名称	评分
69	中国医药集团有限公司	65.429
70	中国化工集团有限公司	65.419
71	新鸿基地产	65.401
72	苏宁控股集团	65.370
73	安徽海螺水泥股份有限公司	65.361
74	中国华电集团有限公司	65.319
75	中国建筑第八工程局有限公司	65.255
76	合生创展集团	65.237
77	小米集团	65.232
78	华侨城	65.229
79	物产中大集团股份有限公司	65.227
80	深圳市投资控股有限公司	65.202
81	上海陆家嘴（集团）有限公司	65.181
82	南京国家高新技术产业开发区	65.180
83	珠海格力电器股份有限公司	65.168
84	珠海华发集团有限公司	65.148
85	天津经济技术开发区	65.147
86	中国建筑第三工程局有限公司	65.114
87	桂林高新技术产业开发区	65.113
88	中国航空油料集团有限公司	65.108
89	大华集团	65.088
90	甘肃省国有资产投资集团有限公司	65.081
91	上海建工集团股份有限公司	65.058
92	常熟经济技术开发区	65.041
93	新世界发展	65.015
94	上海金桥出口加工区	65.007
95	联想控股股份有限公司	64.993
96	山东能源集团有限公司	64.992
97	海航科技股份有限公司	64.983
98	苏州国家高新技术产业开发区	64.974
99	嘉兴经济技术开发区	64.939

排名	企业名称	评分
100	中国建材股份有限公司	64.931
101	威海火炬高技术产业开发区	64.931
102	中国华融资产管理股份有限公司	64.916
103	合肥高新技术产业开发区	64.905
104	大连经济技术开发区	64.904
105	时代中国	64.896
106	世茂房地产	64.895
107	中国大唐集团有限公司	64.856
108	中国光大集团有限公司	64.849
109	珠海高新技术产业开发区	64.780
110	中国冶金科工集团有限公司	64.742
111	重庆高新技术产业开发区	64.731
112	恒基地产	64.724
113	招商蛇口	64.717
114	陕西煤业化工集团有限责任公司	64.712
115	北京经济技术开发区	64.704
116	北京汽车集团有限公司	64.703
117	宝山钢铁股份有限公司	64.681
118	中国电力建设集团有限公司	64.666
119	恒隆集团	64.665
120	潍坊滨海经济技术开发区	64.640
121	扬州经济技术开发区	64.636
122	合肥经济技术开发区	64.628
123	成都高新技术产业开发区	64.626
124	陕西延长石油(集团)有限责任公司	64.624
125	佛山高新技术产业开发区	64.618
126	兖矿集团有限公司	64.598
127	无锡国家高新技术产业开发区	64.574
128	新力地产	64.566
129	昆山经济技术开发区	64.564
130	太古地产	64.562

附录

排名	企业名称	评分
131	恒力集团有限公司	64.557
132	龙光地产	64.546
133	北京汽车股份有限公司	64.541
134	京东方科技集团股份有限公司	64.535
135	金隅集团	64.527
136	徐州国家高新技术产业开发区	64.526
137	张家港经济技术开发区	64.514
138	四川发展（控股）有限责任公司	64.510
139	洛阳高新技术产业开发区	64.507
140	北京首都开发控股（集团）有限公司	64.503
141	惠州大亚湾经济技术开发区	64.500
142	厦门国贸集团股份有限公司	64.492
143	北京首都开发股份有限公司	64.488
144	海尔集团公司	64.474
145	长实集团	64.469
146	北京城建集团有限责任公司	64.469
147	中国通用技术（集团）控股有限责任公司	64.444
148	中国机械工业集团有限公司	64.437
149	九龙仓置业	64.433
150	远洋集团	64.425
151	上海城投（集团）有限公司	64.416
152	宜宾市国有资产经营有限公司	64.413
153	中梁控股	64.408
154	复星国际有限公司	64.407
155	西安高新技术产业开发区	64.402
156	广州越秀集团有限公司	64.400
157	中国航天科技集团有限公司	64.384
158	合景泰富集团	64.367
159	郑州高新技术产业开发区	64.362
160	兰州经济技术开发区	64.360
161	中国太平保险控股有限公司	64.360

排名	企业名称	评分
162	金地集团	64.358
163	仁恒置地	64.345
164	佳兆业集团	64.323
165	武汉经济技术开发区	64.307
166	株洲高新技术产业开发区	64.306
167	廊坊经济技术开发区	64.301
168	长沙经济技术开发区	64.276
169	奥园集团	64.264
170	融信集团	64.259
171	保利置业	64.256
172	广州医药集团有限公司	64.255
173	上海城建（集团）公司	64.252
174	华晨汽车集团控股有限公司	64.244
175	上实城开（上海）城市建设开发有限公司	64.243
176	东莞松山湖高新技术产业园	64.226
177	浙江省交通投资集团有限公司	64.217
178	中国葛洲坝集团股份有限公司	64.214
179	中国航天科工集团有限公司	64.195
180	中骏集团	64.193
181	绿城中国	64.192
182	雅居乐地产	64.173
183	金融街控股	64.169
184	新城控股	64.150
185	北京首都创业集团有限公司	64.139
186	美的置业	64.132
187	长沙高新技术产业开发区	64.119
188	济南高新技术产业开发区	64.109
189	宝龙地产	64.109
190	华能国际电力股份有限公司	64.105
191	中国中车股份有限公司	64.102
192	山东魏桥创业集团有限公司	64.093

排名	企业名称	评分
193	四川省交通投资集团有限责任公司	64.087
194	上海医药集团股份有限公司	64.079
195	兖州煤业股份有限公司	64.074
196	芜湖经济技术开发区	64.073
197	中国能源建设集团有限公司	64.061
198	山东高速集团有限公司	64.053
199	会德丰	64.040
200	嘉华国际	64.030
201	中国金茂	64.027
202	吴江经济技术开发区	64.022
203	苏州金螳螂企业（集团）有限公司	64.003
204	大悦城控股	63.993
205	东浩兰生（集团）有限公司	63.964
206	中国电子科技集团公司	63.956
207	海亮集团有限公司	63.954
208	万洲国际有限公司	63.953
209	禹洲集团	63.951
210	富力集团	63.949
211	厦门象屿股份有限公司	63.944
212	江苏交通控股有限公司	63.909
213	安徽省交通控股集团有限公司	63.907
214	潍柴动力股份有限公司	63.902
215	洋浦经济开发区	63.901
216	兰州高新技术产业开发区	63.897
217	百度股份有限公司	63.884
218	保定高新技术产业开发区	63.880
219	广州南沙经济技术开发区	63.876
220	越秀地产	63.875
221	中兴通讯股份有限公司	63.873
222	乌鲁木齐经济技术开发区	63.871
223	弘阳地产	63.859

排名	企业名称	评分
224	青岛高新技术产业开发区	63.854
225	建发房地产	63.846
226	长春高新技术产业开发区	63.846
227	淄博高新技术产业开发区	63.842
228	滨江集团	63.839
229	金科地产	63.826
230	哈尔滨经济技术开发区	63.824
231	芜湖高新技术产业开发区	63.819
232	潍柴控股集团有限公司	63.816
233	哈尔滨高新技术产业开发区	63.799
234	新希望地产	63.797
235	徐州经济技术开发区	63.796
236	云南省建设投资控股集团有限公司	63.793
237	荣盛房地产	63.793
238	江西铜业股份有限公司	63.779
239	中交地产	63.775
240	温州经济技术开发区	63.768
241	广州市水务投资集团有限公司	63.763
242	中交第四航务工程局有限公司	63.763
243	江阴高新技术产业开发区	63.741
244	中国电子信息产业集团有限公司	63.739
245	北大方正集团有限公司	63.735
246	江西省建工集团有限责任公司	63.733
247	江西省高速公路投资集团有限责任公司	63.728
248	厦门火炬高技术产业开发区	63.726
249	大庆高新技术产业开发区	63.722
250	中升集团控股有限公司	63.716
251	贵州交通建设集团有限公司	63.712
252	信达地产	63.711
253	中华企业	63.710
254	旭辉集团	63.708

排名	企业名称	评分
255	甘肃省公路航空旅游投资集团有限公司	63.704
256	瑞安房地产	63.702
257	昆仑能源有限公司	63.700
258	中国中煤能源股份有限公司	63.694
259	江苏沙钢集团有限公司	63.690
260	南昌高新技术产业开发区	63.679
261	萧山经济技术开发区	63.676
262	华润医药集团有限公司	63.666
263	华电国际电力股份有限公司	63.658
264	国家开发投资集团有限公司	63.655
265	西安经济技术开发区	63.654
266	宁波高新技术产业开发区	63.632
267	秦皇岛经济技术开发区	63.615
268	顺丰控股股份有限公司	63.610
269	中山火炬高技术产业开发区	63.604
270	紫金矿业集团股份有限公司	63.602
271	金川集团股份有限公司	63.590
272	蓝光发展	63.587
273	建业地产	63.583
274	贵阳高新技术产业开发区	63.582
275	中国信达资产管理股份有限公司	63.580
276	首钢集团有限公司	63.573
277	泉州高新技术产业开发区	63.568
278	北京能源集团有限责任公司	63.564
279	中国兵器装备集团有限公司	63.560
280	华发股份	63.544
281	中远海运控股股份有限公司	63.525
282	新疆广汇实业投资（集团）有限责任公司	63.524
283	成都经济技术开发区	63.519
284	山东高速路桥集团股份有限公司	63.498
285	中国建筑第五工程局有限公司	63.494

排名	企业名称	评分
286	嘉里建设	63.492
287	四川省铁路产业投资集团有限责任公司	63.492
288	湖北省交通投资集团有限公司	63.481
289	河北建设投资集团有限责任公司	63.479
290	中南置地	63.475
291	北京建工集团有限责任公司	63.470
292	北京建龙重工集团有限公司	63.452
293	南宁高新技术产业开发区	63.449
294	郑州经济技术开发区	63.444
295	广西建工集团有限责任公司	63.439
296	五矿地产	63.439
297	路劲地产	63.420
298	连云港经济技术开发区	63.417
299	广汇汽车服务集团股份公司	63.402
300	广西投资集团有限公司	63.401
301	唯品会控股有限公司	63.397
302	长春经济技术开发区	63.388
303	中冶置业	63.378
304	山东钢铁集团有限公司	63.363
305	中国机械设备工程股份有限公司	63.353
306	中建东孚	63.352
307	阳光城	63.349
308	当代置业	63.346
309	云南省城市建设投资集团有限公司	63.340
310	淮安经济技术开发区	63.327
311	云南省交通投资建设集团有限公司	63.324
312	神州数码集团股份有限公司	63.323
313	中国国际航空股份有限公司	63.322
314	上海电气集团股份有限公司	63.319
315	山西晋城无烟煤矿业集团有限责任公司	63.318
316	中国铝业集团有限公司	63.312

排名	企业名称	评分
317	东风汽车集团股份有限公司	63.292
318	金辉集团	63.292
319	四川路桥建设集团股份有限公司	63.290
320	上海电力建设有限责任公司	63.284
321	南昌经济技术开发区	63.273
322	中国南方航空股份有限公司	63.272
323	TCL集团股份有限公司	63.257
324	光明食品（集团）有限公司	63.253
325	北京控股集团有限公司	63.247
326	广西新发展交通集团有限公司	63.244
327	中交一公局集团有限公司	63.230
328	中国通信服务股份有限公司	63.197
329	山西潞安矿业（集团）有限责任公司	63.194
330	沈阳经济技术开发区	63.193
331	正荣集团	63.183
332	青山控股集团有限公司	63.179
333	中国新兴集团有限责任公司	63.176
334	杭州市城市建设投资集团有限公司	63.166
335	广西北部湾投资集团有限公司	63.165
336	珠海华发综合发展有限公司	63.162
337	沈阳高新技术产业开发区	63.159
338	北方国际合作股份有限公司	63.150
339	大唐国际发电股份有限公司	63.147
340	新湖中宝	63.136
341	新希望集团有限公司	63.126
342	首创置业	63.124
343	光明地产	63.099
344	北京首农食品集团有限公司	63.096
345	广西交通投资集团有限公司	63.089
346	吉利汽车控股有限公司	63.086
347	齐鲁交通发展集团有限公司	63.080

排名	企业名称	评分
348	中石化炼化工程（集团）股份有限公司	63.071
349	福建六建集团有限公司	63.046
350	浙江交工集团股份有限公司	63.045
351	明发集团	63.043
352	佳源集团	63.036
353	广东省广业集团有限公司	63.032
354	河南投资集团有限公司	63.027
355	威海经济技术开发区	63.023
356	广州汽车工业集团有限公司	63.022
357	湖南华菱钢铁股份有限公司	63.019
358	萍乡经济技术开发区	63.016
359	东原集团	63.015
360	申能（集团）有限公司	63.010
361	河钢股份有限公司	63.008
362	河南能源化工集团有限公司	63.006
363	花样年控股	63.006
364	鞍钢股份有限公司	62.997
365	上海久事（集团）有限公司	62.989
366	陕西投资集团有限公司	62.978
367	潍坊高新技术产业开发区	62.975
368	北控水务集团有限公司	62.973
369	宁波舟山港集团有限公司	62.970
370	冀中能源集团有限责任公司	62.959
371	泰州医药高新技术产业开发区	62.952
372	济宁高新技术产业开发区	62.944
373	杭州市萧山区国有资产经营总公司	62.942
374	新兴际华集团有限公司	62.942
375	四川华西集团有限公司	62.940
376	中国国际海运集装箱集团股份有限公司	62.936
377	南通经济技术开发区	62.931
378	南昌市政公用投资控股有限责任公司	62.929

排名	企业名称	评分
379	北辰实业	62.926
380	长城汽车股份有限公司	62.924
381	武汉国有资产经营有限公司	62.923
382	宁波舟山港股份有限公司	62.920
383	云南省投资控股集团有限公司	62.916
384	新华联集团	62.910
385	中国化学工程股份有限公司	62.909
386	恒逸石化股份有限公司	62.909
387	电建地产	62.898
388	宁波大榭开发区	62.885
389	比亚迪股份有限公司	62.872
390	景瑞地产	62.855
391	九州通医药集团股份有限公司	62.853
392	福建建工集团有限责任公司	62.848
393	融侨集团	62.844
394	绵阳高新技术产业开发区	62.843
395	浙江省建设投资集团股份有限公司	62.841
396	中国东方航空股份有限公司	62.826
397	俊发集团	62.822
398	上海钢联电子商务股份有限公司	62.816
399	山西建设投资集团有限公司	62.808
400	华宇集团	62.802
401	浙江恒逸集团有限公司	62.801
402	武进高新技术产业开发区	62.794
403	中国林业集团有限公司	62.790
404	南通四建集团有限公司	62.788
405	中国宏桥集团有限公司	62.775
406	江苏省华建建设股份有限公司	62.763
407	四川高速公路建设开发集团有限公司	62.762
408	中海油田服务股份有限公司	62.746
409	中国建筑第四工程局有限公司	62.742

排名	企业名称	评分
410	广东电力发展股份有限公司	62.741
411	中国水利水电第十四工程局有限公司	62.741
412	云南省能源投资集团有限公司	62.732
413	湘潭高新技术产业开发区	62.710
414	成都兴城投资集团有限公司	62.683
415	天能电池集团有限公司	62.675
416	陕西有色金属控股集团有限责任公司	62.671
417	北京市海淀区国有资本经营管理中心	62.614
418	中交第二航务工程局有限公司	62.612
419	福州经济技术开发区	62.611
420	湖南建工集团有限公司	62.602
421	山东省国有资产投资控股有限公司	62.594
422	昆明高新技术产业开发区	62.585
423	江苏省国信集团有限公司	62.582
424	安徽建工集团有限公司	62.581
425	贵阳经济技术开发区	62.580
426	海伦堡地产	62.564
427	广东省交通集团有限公司	62.557
428	陕西建工集团有限公司	62.555
429	中材国际工程股份有限公司	62.549
430	南京钢铁集团有限公司	62.549
431	中铁四局集团有限公司	62.544
432	中天钢铁集团有限公司	62.539
433	四川省能源投资集团有限责任公司	62.535
434	北京金融街资本运营中心	62.528
435	中国平煤神马能源化工集团有限责任公司	62.526
436	黑龙江北大荒农垦集团总公司	62.510
437	福建省能源集团有限责任公司	62.504
438	天津渤海国有资产经营管理有限公司	62.479
439	郑州航空港兴港投资集团有限公司	62.477
440	广州市建筑集团有限公司	62.466

排名	企业名称	评分
441	中工国际工程股份有限公司	62.465
442	铜陵有色金属集团控股有限公司	62.461
443	中交第一航务工程局有限公司	62.456
444	成都建筑工程集团总公司	62.449
445	安徽水利开发股份有限公司	62.442
446	中铁置业	62.438
447	马鞍山钢铁股份有限公司	62.430
448	天津市医药集团有限公司	62.410
449	合肥市建设投资控股（集团）有限公司	62.396
450	中国电建集团华东勘测设计研究院有限公司	62.373
451	北京市顺义区国有资本经营管理中心	62.358
452	广东省建筑工程集团有限公司	62.354
453	江苏南通三建集团股份有限公司	62.350
454	四川长虹电器股份有限公司	62.346
455	苏美达股份有限公司	62.344
456	烟台经济技术开发区	62.317
457	江苏省建筑工程集团有限责任公司	62.313
458	重庆建工集团股份有限公司	62.312
459	龙信建设集团有限公司	62.310
460	广西北部湾国际港务集团有限公司	62.302
461	广州发展集团股份有限公司	62.300
462	通州建总集团有限公司	62.290
463	新疆生产建设兵团建设工程（集团）有限责任公司	62.288
464	重庆对外经贸（集团）有限公司	62.288
465	临沂经济技术开发区	62.277
466	浙江中成控股集团有限公司	62.277
467	河北建设集团股份有限公司	62.233
468	青建集团股份公司	62.216
469	江苏南通二建集团有限公司	62.209
470	江苏省苏中建设集团股份有限公司	62.202
471	厦门路桥建设集团有限公司	62.179

排名	企业名称	评分
472	包头稀土高新技术产业开发区	62.173
473	中国电建市政建设集团有限公司	62.168
474	上海隧道工程股份有限公司	62.164
475	北京顺鑫控股集团有限公司	62.155
476	天津港（集团）有限公司	62.149
477	中国东方电气集团有限公司	62.127
478	中交第二公路工程局有限公司	62.127
479	浙江东南网架集团有限公司	62.068
480	中国水利水电第八工程局有限公司	62.067
481	中国水利水电第七工程局有限公司	62.058
482	北京市政路桥股份有限公司	62.047
483	青海省国有资产投资管理有限公司	61.999
484	厦门港务控股集团有限公司	61.997
485	上海振华重工（集团）股份有限公司	61.994
486	北京住总集团有限责任公司	61.992
487	黑龙江省建设投资集团有限公司	61.973
488	中国水利水电第四工程局有限公司	61.954
489	重庆市能源投资集团有限公司	61.908
490	中铁五局集团有限公司	61.877
491	歌山建设集团有限公司	61.863
492	中国江苏国际经济技术合作集团有限公司	61.847
493	山东科达集团有限公司	61.744
494	广厦控股集团有限公司	61.742
495	中交第三航务工程局有限公司	61.717
496	甘肃省建设投资（控股）集团总公司	61.701
497	龙元建设集团股份有限公司	61.665
498	泰禾集团	61.652
499	哈尔滨电气国际工程有限责任公司	61.629
500	中国有色金属建设股份有限公司	61.524

（二）分榜单

1. 产业集团百强榜单

2020"中国城市开发投资500强"产业集团TOP100　　　　　表1

1	中国石油化工股份有限公司	51	宝山钢铁股份有限公司
2	国家电网有限公司	52	陕西延长石油（集团）有限责任公司
3	中国石油天然气股份有限公司	53	兖矿集团有限公司
4	中国移动有限公司	54	恒力集团有限公司
5	中国平安保险集团股份有限公司	55	北京汽车股份有限公司
6	华为投资控股有限公司	56	京东方科技集团股份有限公司
7	国家能源投资集团有限责任公司	57	厦门国贸集团股份有限公司
8	中国融通资产管理集团有限公司	58	海尔集团公司
9	上海汽车集团股份有限公司	59	中国通用技术（集团）控股有限责任公司
10	中国电信股份有限公司	60	中国机械工业集团有限公司
11	中国南方电网有限责任公司	61	复星国际有限公司
12	中国第一汽车集团有限公司	62	中国航天科技集团有限公司
13	腾讯控股有限公司	63	中国太平保险控股有限公司
14	阿里巴巴集团控股有限公司	64	广州医药集团有限公司
15	京东商城电子商务有限公司	65	华晨汽车集团控股有限公司
16	中国宝武钢铁集团有限公司	66	中国航天科工集团有限公司
17	正威国际集团有限公司	67	华能国际电力股份有限公司
18	中国五矿集团有限公司	68	中国中车股份有限公司
19	中国中化集团公司	69	山东魏桥创业集团有限公司
20	中国海洋石油有限公司	70	上海医药集团股份有限公司
21	国药控股股份有限公司	71	兖州煤业股份有限公司
22	中国中信股份有限公司	72	东浩兰生（集团）有限公司
23	中国邮政集团公司	73	中国电子科技集团公司
24	中国华能集团有限公司	74	海亮集团有限公司
25	国家电力投资集团有限公司	75	万洲国际有限公司
26	中国航空工业集团有限公司	76	厦门象屿股份有限公司
27	中国兵器工业集团有限公司	77	潍柴动力股份有限公司
28	中国联合网络通信股份有限公司	78	百度股份有限公司

29	中粮集团有限公司	79	中兴通讯股份有限公司
30	中国神华能源股份有限公司	80	潍柴控股集团有限公司
31	美的集团股份有限公司	81	江西铜业股份有限公司
32	中国远洋海运集团有限公司	82	中国电子信息产业集团有限公司
33	中国医药集团有限公司	83	北大方正集团有限公司
34	中国化工集团有限公司	84	中升集团控股有限公司
35	苏宁控股集团	85	昆仑能源有限公司
36	安徽海螺水泥股份有限公司	86	中国中煤能源股份有限公司
37	中国华电集团有限公司	87	江苏沙钢集团有限公司
38	小米集团	88	华润医药集团有限公司
39	物产中大集团股份有限公司	89	华电国际电力股份有限公司
40	珠海格力电器股份有限公司	90	国家开发投资集团有限公司
41	中国航空油料集团有限公司	91	顺丰控股股份有限公司
42	联想控股股份有限公司	92	紫金矿业集团股份有限公司
43	山东能源集团有限公司	93	金川集团股份有限公司
44	海航科技股份有限公司	94	中国信达资产管理股份有限公司
45	中国建材股份有限公司	95	首钢集团有限公司
46	中国华融资产管理股份有限公司	96	中国兵器装备集团有限公司
47	中国大唐集团有限公司	97	中远海运控股股份有限公司
48	中国光大集团有限公司	98	新疆广汇实业投资（集团）有限责任公司
49	陕西煤业化工集团有限责任公司	99	北京建龙重工集团有限公司
50	北京汽车集团有限公司	100	广汇汽车服务集团股份公司

2.建筑企业百强榜单

2020"中国城市开发投资500强"建筑企业TOP100　　　表2

1	中国建筑集团有限公司	51	中交第一航务工程局有限公司
2	中国中铁股份有限公司	52	成都建筑工程集团总公司
3	中国铁建股份有限公司	53	中国电建集团华东勘测设计研究院
4	中国交通建设集团有限公司	54	广东省建筑工程集团有限公司
5	太平洋建设集团有限公司	55	江苏南通三建集团股份有限公司
6	厦门建发集团有限公司	56	江苏省建筑工程集团有限责任公司

7	中国建筑第八工程局有限公司	57	重庆建工集团股份有限公司
8	中国建筑第三工程局有限公司	58	龙信建设集团有限公司
9	上海建工集团股份有限公司	59	通州建总集团有限公司
10	中国冶金科工集团有限公司	60	新疆生产建设兵团建设工程（集团）
11	中国电力建设集团有限公司	61	浙江中成控股集团有限公司
12	浙江省交通投资集团有限公司	62	河北建设集团股份有限公司
13	中国葛洲坝集团股份有限公司	63	青建集团股份公司
14	四川省交通投资集团有限责任公司	64	江苏南通二建集团有限公司
15	中国能源建设集团有限公司	65	江苏省苏中建设集团股份有限公司
16	苏州金螳螂企业（集团）有限公司	66	中国电建市政建设集团有限公司
17	云南省建设投资控股集团有限公司	67	中国东方电气集团有限公司
18	中交第四航务工程局有限公司	68	中交第二公路工程局有限公司
19	江西省建工集团有限责任公司	69	浙江东南网架集团有限公司
20	山东高速路桥集团股份有限公司	70	中国水利水电第八工程局有限公司
21	中国建筑第五工程局有限公司	71	中国水利水电第七工程局有限公司
22	北京建工集团有限责任公司	72	上海振华重工（集团）股份有限公司
23	广西建工集团有限责任公司	73	北京住总集团有限责任公司
24	中国机械设备工程股份有限公司	74	中国水利水电第四工程局有限公司
25	上海电力建设有限责任公司	75	中铁五局集团有限公司
26	中交一公局集团有限公司	76	歌山建设集团有限公司
27	中国新兴集团有限责任公司	77	中国江苏国际经济技术合作集团有限公司
28	北方国际合作股份有限公司	78	山东科达集团有限公司
29	中石化炼化工程（集团）股份有限公司	79	广厦控股集团有限公司
30	福建六建集团有限公司	80	中交第三航务工程局有限公司
31	浙江交工集团股份有限公司	81	甘肃省建设投资（控股）集团总公司
32	四川华西集团有限公司	82	龙元建设集团股份有限公司
33	云南省投资控股集团有限公司	83	哈尔滨电气国际工程有限责任公司
34	中国化学工程股份有限公司	84	中国有色金属建设股份有限公司
35	福建建工集团有限责任公司	85	南通建工集团股份有限公司
36	浙江省建设投资集团股份有限公司	86	中国电建集团山东电力建设有限公司
37	南通四建集团有限公司	87	中恒建设集团有限公司
38	江苏省华建建设股份有限公司	88	中厦建设集团有限公司

39	中海油田服务股份有限公司	89	大庆油田建设集团有限责任公司
40	中国建筑第四工程局有限公司	90	中机国能电力工程有限公司
41	中国水利水电第十四工程局有限公司	91	中城投集团第六工程局有限公司
42	中交第二航务工程局有限公司	92	云南建投第一建设有限公司
43	湖南建工集团有限公司	93	安徽水安建设集团股份有限公司
44	安徽建工集团有限公司	94	四川省第一建筑工程有限公司
45	广东省交通集团有限公司	95	鞍钢矿山建设有限公司
46	陕西建工集团有限公司	96	南通市达欣工程股份有限公司
47	中材国际工程股份有限公司	97	江西建工第一建筑有限责任公司
48	中铁四局集团有限公司	98	中国联合工程有限公司
49	广州市建筑集团有限公司	99	安徽湖滨建设集团有限公司
50	中工国际工程股份有限公司	100	中国天辰工程有限公司

3.园区企业百强榜单

2020"中国城市开发投资500强"园区企业TOP100   表3

1	广州经济技术开发区	51	吴江经济技术开发区
2	南京经济技术开发区	52	洋浦经济开发区
3	杭州高新技术产业开发区	53	兰州高新技术产业开发区
4	苏州工业园区	54	保定高新技术产业开发区
5	中关村国家自主创新示范区	55	广州南沙经济技术开发区
6	常州国家高新技术产业开发区	56	乌鲁木齐经济技术开发区
7	深圳高新技术产业开发区	57	青岛高新技术产业开发区
8	上海张江国家自主创新示范区	58	长春高新技术产业开发区
9	漕河泾经济技术开发区	59	淄博高新技术产业开发区
10	南京江宁经济技术开发区	60	哈尔滨经济技术开发区
11	青岛经济技术开发区	61	芜湖高新技术产业开发区
12	武汉东湖国家自主创新示范区	62	哈尔滨高新技术产业开发区
13	天津滨海高新技术产业开发区	63	徐州经济技术开发区
14	宁波经济技术开发区	64	温州经济技术开发区
15	惠州仲恺高新技术开发区	65	江阴高新技术产业开发区
16	南京国家高新技术产业开发区	66	厦门火炬高技术产业开发区

17	天津经济技术开发区	67	大庆高新技术产业开发区
18	桂林高新技术产业开发区	68	南昌高新技术产业开发区
19	常熟经济技术开发区	69	萧山经济技术开发区
20	上海金桥出口加工区	70	西安经济技术开发区
21	苏州国家高新技术产业开发区	71	宁波高新技术产业开发区
22	嘉兴经济技术开发区	72	秦皇岛经济技术开发区
23	威海火炬高技术产业开发区	73	中山火炬高技术产业开发区
24	合肥高新技术产业开发区	74	贵阳高新技术产业开发区
25	大连经济技术开发区	75	泉州高新技术产业开发区
26	珠海高新技术产业开发区	76	成都经济技术开发区
27	重庆高新技术产业开发区	77	南宁高新技术产业开发区
28	北京经济技术开发区	78	郑州经济技术开发区
29	潍坊滨海经济技术开发区	79	连云港经济技术开发区
30	扬州经济技术开发区	80	长春经济技术开发区
31	合肥经济技术开发区	81	淮安经济技术开发区
32	成都高新技术产业开发区	82	南昌经济技术开发区
33	佛山高新技术产业开发区	83	沈阳经济技术开发区
34	无锡国家高新技术产业开发区	84	沈阳高新技术产业开发区
35	昆山经济技术开发区	85	威海经济技术开发区
36	徐州国家高新技术产业开发区	86	萍乡经济技术开发区
37	张家港经济技术开发区	87	潍坊高新技术产业开发区
38	洛阳高新技术产业开发区	88	泰州医药高新技术产业开发区
39	惠州大亚湾经济技术开发区	89	济宁高新技术产业开发区
40	西安高新技术产业开发区	90	南通经济技术开发区
41	郑州高新技术产业开发区	91	宁波大榭开发区
42	兰州经济技术开发区	92	绵阳高新技术产业开发区
43	武汉经济技术开发区	93	武进高新技术产业开发区
44	株洲高新技术产业开发区	94	湘潭高新技术产业开发区
45	廊坊经济技术开发区	95	福州经济技术开发区
46	长沙经济技术开发区	96	昆明高新技术产业开发区
47	东莞松山湖高新技术产业园	97	贵阳经济技术开发区
48	长沙高新技术产业开发区	98	烟台经济技术开发区

| 49 | 济南高新技术产业开发区 | 99 | 临沂经济技术开发区 |
| 50 | 芜湖经济技术开发区 | 100 | 包头稀土高新技术产业开发区 |

4.城投城开企业百强榜单

2020"中国城市开发投资500强"城投城开企业TOP100　　　　表4

1	北京国有资本经营管理中心	51	宁波舟山港股份有限公司
2	浙江省国有资本运营有限公司	52	山西建设投资集团有限公司
3	上海地产（集团）有限公司	53	四川高速公路建设开发集团有限公司
4	深圳市投资控股有限公司	54	广东电力发展股份有限公司
5	上海陆家嘴（集团）有限公司	55	云南省能源投资集团有限公司
6	珠海华发集团有限公司	56	成都兴城投资集团有限公司
7	甘肃省国有资产投资集团有限公司	57	北京市海淀区国有资本经营管理中心
8	四川发展（控股）有限责任公司	58	山东省国有资产投资控股有限公司
9	北京首都开发控股（集团）有限公司	59	江苏省国信集团有限公司
10	北京首都开发股份有限公司	60	四川省能源投资集团有限责任公司
11	北京城建集团有限责任公司	61	北京金融街资本运营中心
12	上海城投（集团）有限公司	62	福建省能源集团有限责任公司
13	宜宾市国有资产经营有限公司	63	天津渤海国有资产经营管理有限公司
14	广州越秀集团有限公司	64	郑州航空港兴港投资集团有限公司
15	上海城建（集团）公司	65	安徽水利开发股份有限公司
16	上实城开（上海）城市建设开发有限公司	66	天津市医药集团有限公司
17	北京首都创业集团有限公司	67	合肥市建设投资控股（集团）有限公司
18	山东高速集团有限公司	68	北京市顺义区国有资本经营管理中心
19	江苏交通控股有限公司	69	广西北部湾国际港务集团有限公司
20	安徽省交通控股集团有限公司	70	广州发展集团股份有限公司
21	广州市水务投资集团有限公司	71	重庆对外经贸（集团）有限公司
22	江西省高速公路投资集团有限责任公司	72	厦门路桥建设集团有限公司
23	贵州交通建设集团有限公司	73	上海隧道工程股份有限公司
24	甘肃省公路航空旅游投资集团有限公司	74	北京顺鑫控股集团有限公司
25	北京能源集团有限责任公司	75	天津港（集团）有限公司
26	四川省铁路产业投资集团有限公司	76	北京市政路桥股份有限公司

27	湖北省交通投资集团有限公司	77	青海省国有资产投资管理有限公司
28	河北建设投资集团有限责任公司	78	厦门港务控股集团有限公司
29	广西投资集团有限公司	79	黑龙江省建设投资集团有限公司
30	云南省城市建设投资集团有限公司	80	重庆市能源投资集团有限公司
31	云南省交通投资建设集团有限公司	81	广西城建投资集团有限公司
32	四川路桥建设集团股份有限公司	82	陕西城投地产集团有限公司
33	北京控股集团有限公司	83	湖南省城市建设总公司
34	广西新发展交通集团有限公司	84	浙江城投集团有限公司
35	杭州市城市建设投资集团有限公司	85	天津泰达投资控股有限公司
36	广西北部湾投资集团有限公司	86	甘肃省城市房地产开发有限责任公司
37	珠海华发综合发展有限公司	87	广东城投投资发展有限公司
38	广西交通投资集团有限公司	88	北京城投控股集团有限公司
39	齐鲁交通发展集团有限公司	89	四川省城建（集团）股份有限公司
40	广东省广业集团有限公司	90	广东城投投资发展有限公司
41	河南投资集团有限公司	91	重庆城建控股（集团）有限责任公司
42	申能（集团）有限公司	92	江西省城建集团有限公司
43	上海久事（集团）有限公司	93	城开（北京）投资有限公司
44	陕西投资集团有限公司	94	安徽省城投集团有限公司
45	北控水务集团有限公司	95	江苏省城投建设有限公司
46	宁波舟山港集团有限公司	96	北京金融街投资（集团）有限公司
47	冀中能源集团有限责任公司	97	山西能源交通投资有限公司
48	杭州市萧山区国有资产经营总公司	98	浙江省能源集团有限公司
49	南昌市政公用投资控股有限责任公司	99	福建城建置业有限公司
50	武汉国有资产经营有限公司	100	黑龙江省城建建设集团有限公司

5.房地产企业百强榜单

2020"中国城市开发投资500强"房地产企业TOP100　　　　表5

1	碧桂园	51	越秀地产
2	中国恒大	52	弘阳地产
3	万科地产	53	建发房地产
4	绿地控股	54	滨江集团

5	华润置地	55	金科地产
6	红星地产	56	新希望地产
7	中海地产	57	荣盛房地产
8	龙湖集团	58	中交地产
9	融创中国	59	信达地产
10	保利发展	60	中华企业
11	万达集团	61	旭辉集团
12	华夏幸福	62	瑞安房地产
13	新鸿基地产	63	蓝光发展
14	合生创展集团	64	建业地产
15	华侨城	65	华发股份
16	大华集团	66	嘉里建设
17	新世界发展	67	中南置地
18	时代中国	68	五矿地产
19	世茂房地产	69	路劲地产
20	恒基地产	70	中冶置业
21	招商蛇口	71	中建东孚
22	恒隆集团	72	阳光城
23	新力地产	73	当代置业
24	太古地产	74	金辉集团
25	龙光地产	75	正荣集团
26	金隅集团	76	新湖中宝
27	长实集团	77	首创置业
28	九龙仓置业	78	光明地产
29	远洋集团	79	明发集团
30	中梁控股	80	佳源集团
31	合景泰富集团	81	东原集团
32	金地集团	82	花样年控股
33	仁恒置地	83	北辰实业
34	佳兆业集团	84	新华联集团
35	奥园集团	85	电建地产
36	融信集团	86	景瑞地产

37	保利置业	87	融侨集团
38	中骏集团	88	俊发集团
39	绿城中国	89	华宇集团
40	雅居乐地产	90	海伦堡地产
41	金融街控股	91	中铁置业
42	新城控股	92	泰禾集团
43	美的置业	93	正商集团
44	宝龙地产	94	德信地产
45	会德丰	95	朗诗地产
46	嘉华国际	96	大发地产
47	中国金茂	97	北大资源集团
48	大悦城控股	98	上坤集团
49	禹洲集团	99	和昌集团
50	富力集团	100	金成集团